Kompetenzorientierung im Religionsunterricht an berufsbildenden Schulen

AF239837

Waxmann Verlag GmbH
Steinfurter Straße 555, 48159 Münster
info@waxmann.com

Glaube – Wertebildung – Interreligiosität
Berufsorientierte Religionspädagogik

herausgegeben von

Albert Biesinger
KIBOR – Katholisches Institut für
Berufsorientierte Religionspädagogik Tübingen

Michael Meyer-Blanck
bibor – Bonner evangelisches Institut für
berufsorientierte Religionspädagogik

Friedrich Schweitzer
EIBOR – Evangelisches Institut für
Berufsorientierte Religionspädagogik Tübingen

Band 5

Waxmann 2014
Münster • New York

Albert Biesinger, Johannes Gather
Matthias Gronover, Aggi Kemmler
(Hrsg.)

Kompetenzorientierung im Religionsunterricht an berufsbildenden Schulen

Waxmann 2014
Münster • New York

Bibliografische Informationen der Deutschen Nationalbibliothek
Die Deutsche Nationalbibliothek verzeichnet diese Publikation in
der Deutschen Nationalbibliografie; detaillierte bibliografische
Daten sind im Internet über http://dnb.d-nb.de abrufbar.

Glaube – Wertebildung – Interreligiosität
Berufsorientierte Religionspädagogik, Band 5

ISSN 2195-3023
Print-ISBN 978-3-8309-3035-8
E-Book-ISBN 978-3-8309-8035-3

© Waxmann Verlag GmbH, 2014

www.waxmann.com
info@waxmann.com

Umschlaggestaltung: Pleßmann Design, Ascheberg
Titelbild: © Stephanie Kumpf, Recklinghausen
Satz: Sven Solterbeck, Münster

Gedruckt auf alterungsbeständigem Papier,
säurefrei gemäß ISO 9706

Printed in Germany

Vorwort

Dieses Buch ist aus einem langen Erfahrungsprozess entstanden. Seine Autorinnen und Autoren bringen es zusammen auf ca. 60 Jahre Schulerfahrung und waren und sind der Frage verpflichtet, wie der Religionsunterricht an berufsbildenden Schulen (RUaBS) den Herausforderungen unserer Gesellschaft begegnen kann. Diese Herausforderungen bestehen nicht nur in der tatsächlich historisch einmaligen Unübersichtlichkeit, mit der junge Menschen heute beim Berufseinstieg konfrontiert werden. Die Kompetenzen, die sie benötigen, sind in ihrer Vielzahl und Komplexität kaum zu benennen. Neben den fachlichen Anforderungen, die an die jungen Leute gestellt werden, treten eine Vielzahl von individuellen und sozialen Herausforderungen, die es zu meistern gilt.

In dieser Situation ist der Religionsunterricht von seiner Sache her bestens aufgestellt. Es geht ihm nicht um kurzweilige pädagogische Moden, die durch das Aufgreifen populärer Themen wie „Glück" oder „Lebenskunst" den Schülerinnen und Schülern Rezepte vermitteln, den Alltag zu bestehen. Nicht zuletzt, weil dadurch die Kritik am Alltag zu kurz kommt und menschenfeindliche gesellschaftswirtschaftliche Tendenzen affirmativ bearbeitet werden, indem man die Schülerinnen und Schüler „fit" für sie macht, ist die Option des Religionsunterrichts eine andere: Es geht darum, dass jeder Mensch von Gott angenommen ist und jenseits von persönlicher Leistung eine je eigene Würde hat. Der Religionsunterricht an berufsbildenden Schulen hat deswegen Zukunft, weil er sich nicht in zweckrationalen Begründungen erschöpft. Ihm geht es um mehr als um alles – es geht ihm um die Schülerinnen und Schüler und deren religiöse Fragen.

Vor diesem Hintergrund hat das Katholische Institut für berufsorientierte Religionspädagogik (KIBOR) vor einigen Jahren begonnen, dieses Anliegen in die im Schulsystem vorherrschende Kompetenzdiskussion einzuarbeiten. Josef Jakobi, Joachim Schmidt, Aggi Kemmler und Johannes Gather haben zusammen mit Albert Biesinger einen Vorschlag ausgearbeitet, wie religiöse Kompetenz im Religionsunterricht an berufsbildenden Schulen zu profilieren sei. Aufbauend auf dem Grundlagenplan der Deutschen Bischofskonferenz arbeiteten sie ein Modell aus, das die berufliche, private und gesellschaftliche Dimension religiöser Kompetenz in Verbindung bringt mit theologischen Themen. Die dabei entstandene Annäherung an eine Definition religiöser Kompetenz findet sich als zentraler Artikel in diesem Band. In ihm spiegelt sich auch die Unterrichtserfahrung der Autorin und der Autoren. Das Anliegen dieses Artikels ist es, ein Strukturschema religiöser Kompetenz auszuweisen, das religionsdidaktisch reflektiert und handlungsleitend, sprich: praxistauglich, ist.

Um diesen definitorischen Anspruch des ersten Teils des Buches gruppieren sich die anderen Beiträge herum: Albert Biesinger diskutiert den bildungstheoretischen Kontext der Kompetenzorientierung und zeigt auf, dass manche nun heiß diskutierte Fragestellung ihre Wurzeln in ungelösten Problemen hat, die ca. 40 Jahre alt sind. Johannes Gather konturiert die Kompetenzen, die eine Lehrkraft im RUaBS haben muss. Bei der Bestimmung dieser Kompetenzen kommt nicht nur seine tiefe Kenntnis der berufspädagogischen Diskussion zum Tragen, sondern auch seine Erfahrung in der Fortbildung gegenwärtiger und Ausbildung zukünftiger Lehrerinnen und Lehrer.

Kompetenzorientierung im RUabS macht einen detaillierten Blick auf die jeweiligen Unterrichtsprozesse und -schritte erforderlich. Aggi Kemmler betrachtet die Unterrichtspraxis und nimmt dabei den zentralen Ansatzpunkt der Kompetenzorientierung in den Fokus. Dieser liegt in der schülergerecht aufbereiteten Anforderungssituation, die problemhaltig und motivierend Situationen aus dem beruflichen, gesellschaftlichen und/oder privaten Alltag der Schülerinnen und Schüler aufgreift.

Praxistauglichkeit ist ein zentraler Anspruch dieses Bandes. So entstammen die Unterrichtsbeispiele des Kapitels „Unterrichtskonzepte – kompetenzorientiert" langjähriger Unterrichtserfahrung und wollen exemplarisch zeigen, wie Religionsunterricht kompetenzorientiert aussieht. Es ist ein besonderer Erfahrungsschatz des RUabS, etwa im Prinzip der vollständigen Handlung schon sehr früh die Outcome-Idee der Kompetenzorientierung präfiguriert zu haben. Manche Anpassungsschwierigkeit, die allgemeinbildende Schularten an die Kompetenzorientierung hatten und haben, kam so gar nicht erst auf. Die Zusatzenergie, die durch diese Präadaptation frei wurde, konnte rasch in die weitere Profilierung der Kompetenzorientierung gesteckt werden.

Dass bei all dem der Religionsunterricht immer konfessionell verantworteter Unterricht ist, ist aktuell auch und besonders vor dem Hintergrund des Islamischen Religionsunterrichts neu zu bedenken. Der Schlussteil will einen Denkanreiz bieten, wie Konfessionalität heute gedacht werden kann – religionspädagogisch geht es sicher um die Ermöglichung eines persönlichen Glaubensbekenntnisses, systemisch geht es darüber hinaus aber immer auch um die jeweilige Katholizität des RUabS. Wie kann es der RUabS schaffen, dass die Dynamik beider Dimensionen komplementär verläuft?

Unser Dank gilt Josef Jakobi, der nicht nur dem KIBOR wichtige Impulse gab und die Kompetenzorientierung als zentrales Aufgabenfeld immer wieder in die Institutsarbeit einbrachte. Dem damaligen stellvertretenden Leiter Joachim Schmidt sei für das Vorantreiben der Entwicklung des Kompetenzmodells gedankt. Dieses Buch wurde von Mirjam Kromer, Simon Linder, Christoph Marstaller und Elisabeth Rädle redaktionell sehr umsichtig und verlässlich betreut.

Albert Biesinger
Johannes Gather
Matthias Gronover
Aggi Kemmler

Inhalt

Die Zukunft des RUaBS

Albert Biesinger

Kompetenzorientierung –
mehr als des Kaisers neue Kleider?

Das KIBOR-Modell religiöser Kompetenz in der beruflichen Bildung profiliert den Kompetenzbegriff integrativ. Er umfasst sowohl inhaltlich theologische Vorgaben als auch die zu berücksichtigende soziokulturelle Situation der Schülerinnen und Schüler. Dabei folgt diese Profilierung an den Polen Lebensrelevanz und Fachrepräsentanz didaktischen Diskussionen, die der Kompetenzdiskussion vorausgingen. In diesem Sinne ist die bildungstheoretische Strukturierung der Kompetenzdiskussion weiter auszudifferenzieren. Benner hat interdisziplinär mit dem Religionspädagogen Biemer bereits 1973 eine interessante Grundlagenüberlegung vorgelegt, die Koordinaten mit tiefgründiger Argumentation und logischer Transparenz erarbeitet hat. Dies ist in der derzeitigen Diskussion (wieder) hochrelevant (Biemer & Benner, 1973, S. 798–822). Biemer und Biesinger haben diese Struktur bildungstheoretisch aufgegriffen und religionsdidaktisch in ihrer Komplexität erweitert. Der Band „Theologie im Religionsunterricht: Zur Begründung der Inhalte des Religionsunterrichts aus der Theologie" (Biemer & Biesinger, 1976) hat die Frage nach der Auswahl von theologischen Inhalten fokussiert, dabei aber entschieden, die curriculumtheoretische Kriteriologie von „Fachrepräsentanz" und „Lebensrelevanz" weiterzubearbeiten (Callies et al., 1974, S. 72). In der Diskussion um die Findung, Auswahl und Begründung von Lernzielen und Lerninhalten lassen sich folgende zwei Postulate skizzieren:

1. Die in der Schule gelehrten Inhalte sollen die wichtigsten fachwissenschaftlichen Bereiche und Grundstrukturen repräsentieren. Diese Forderung wird im Folgenden mit dem Stichwort „Repräsentanz" definiert.

2. Die in der Schule gelehrten Inhalte sollen für gegenwärtige, künftige oder veränderte Lebenssituationen relevant sein. Diese Forderung wird im Folgenden mit dem Stichwort „Lebensrelevanz" definiert (Biemer & Biesinger, 1976, S. 14).

Robinsohn hat als langjähriger Direktor des Max-Planck-Instituts für Bildungsforschung in Berlin das allgemeine Erziehungsziel darin gesehen, „den Einzelnen zur Bewältigung von Lebenssituationen auszustatten" (Robinsohn, 1971, S. 79). Eine konkrete Realisierung bezieht sich dann auf den Erwerb von Qualifikationen und Dispositionen, die durch Lehr- und Lernprozesse vermittelt werden sollen (Biemer & Biesinger, 1976, S. 14). Schulisches Lernen soll nach den Kriterien von „Lebensrelevanz" und „Fachrepräsentanz" entsprechend analytisch konkretisiert und begründet werden.

Für die Auswahl von Bildungsinhalten ist logischerweise nach Kriterien zu fragen. Als solche schlägt Robinsohn (1971, S. 47) vor:
- die Bedeutung eines Gegenstandes im Gefüge der Wissenschaft, seine Grundlagenqualität für das weitere Studium und die weitere Ausbildung;

- die Leistung eines Gegenstandes für Weltverstehen, für die Orientierung innerhalb einer Kultur und für die Interpretation ihrer Phänomene;
- die Funktion eines Gegenstandes in spezifischen Verwendungssituationen des privaten und öffentlichen Lebens.

Warum ist diese Debatte für die heutige Kompetenzorientierung wichtig? Die Formulierung von Kompetenzen bedarf einer bildungstheoretischen Begründung. Für den religionspädagogischen Diskurs sind die beiden Kriterien „Lebensrelevanz" und „Fachrepräsentanz" unausweichliche Bezugspunkte. In der Curriculumtheorie wurde die Frage nach Kompetenzen in der heutigen Diskursebene so noch nicht gestellt. Allerdings ist der Hinweis von Robinsohn, dass es um „Bewältigung von Lebenssituationen" gehen müsse, Grundlage für die Kompetenzorientierung. Auch heute ist meines Erachtens die Frage nicht zu beantworten, warum bestimmte Kompetenzen in bestimmten Situationen anvisiert werden, wie sie zustande kommen und beschrieben werden können. Insofern ist der Rekurs auf diese beiden Kriterien „Fachrepräsentanz" und „Lebensrelevanz" von bleibender Aktualität (Biemer & Biesinger, 1976, S. 11–33). Biemer hat die Frage nach der Fachrepräsentanz im Blick auf die Theologie in einer interessanten Argumentation vorgestellt: Der „Anspruch Jesu" versteht sich vor dem Hintergrund seiner Gelehrtheit als jüdischer Rabbi, speist sich also nicht allein aus den Kontexten des lebensweltlichen Nahbereichs (ebd., S. 24ff.).

Die Lebensrelevanz wurde im Kontext der Argumentation von Eugen Fink und Franz Fischer mit den Koexistentialien Arbeit, Herrschaft/Konflikt, Eros/Sexualität, Tod und Spiel konkretisiert. Dahinter steckt die Überlegung, dass sich menschliches Leben immer in diesem koexistentialen Zusammenhang realisiert (Fink, 1957; Fischer, 1975).

Für die Kompetenzdiskurse stellen sich die Fragen, welche Handlungen für die Bewältigung von Lebenssituationen spezifisch relevant sind. Benner und Biemer haben folgende Handlungsdimensionen für die Religionspädagogik begründet: Erkenntniswissenschaften (*Scientiae ex causis*), Technik (Machbarkeit), Kunst (verdichtende Darstellung von Wirklichkeit), Politik (gesellschaftliche Gerechtigkeit), Pädagogik (Befähigung), Ethik (Verantwortung, Gewissen), Kirche (Heilsvermittlung, Verkündigung) (Biemer & Benner, 1973, S. 798–822).

Die gegenseitige Interpretation dieser Handlungsdimensionen im Blick auf die Koexistentialien Arbeit, Herrschaft/Konflikt, Eros/Sexualität, Tod und Spiel werden bei Günter Biemer durch die christlichen Strukturelemente Sinn-Liebe-Hoffnung in einen hermeneutisch wechselseitigen Interpretationszusammenhang gebracht. Die paulinische Trias Glaube-Hoffnung-Liebe ist analog dazu ein elementarer theologischer Argumentationsgang. In der Diskussion zu Kurzformeln des Christentums sind religionspädagogische Überlegungen hochrelevant (Bleistein, 1971).

Das Anliegen einer fachwissenschaftlichen, theologischen Elementarisierung ist in der Konzeption von Biemer und Benner in einem immer noch nicht rezipierten Zusammenhang grundgelegt (Schütz, 1982a; Schütz, 1982b; Fiedler, 1982).

Einen wichtigen Aspekt hat Nipkow (1982) in den Diskurs eingebracht und vor allem darauf hingewiesen, dass eine fachwissenschaftliche Elementarisierung erweitert werden muss auf lebensweltliche Elementarisierungen und entwicklungspsychologische Kriteriologien für religionspädagogische Lehr- und Lernprozesse.

Der bildungstheoretische Argumentationsgang von Biemer und Benner hat diese Aspekte in einem ersten Durchgang bewusst ausgeblendet, da es in diesem „fachdidaktischen Strukturgitter" um eine anthropologische, theologische und handlungsorientierte Grundlegung ging.

Warum diese Überlegungen für die derzeitige Kompetenzdiskussion relevant sind?

Die Frage nach der Begründung von Kompetenzen ist tiefgründiger anzugehen, als sich dies in manchen Zusammenhängen realisiert.

Durch die von Biemer und Benner vorgelegte Argumentationsstruktur werden zwar keine konkreten Kompetenzen formuliert, aber es wird eine Kriteriologie vorgelegt, nach der religionspädagogische Kompetenzen überprüft werden können und in manchen Formulierungen auch dringend überprüft werden müssen.

In theologischer Perspektive ist Kompetenzorientierung hochrelevant. Man kann nicht nur von lehrhaften Forderungen im Blick auf Gottes- und Nächstenliebe sprechen, wenn es religionspädagogisch nicht auch um die entsprechende Kompetenz zur Nächstenliebe und zur Gottesliebe (Solidarität, Gebet, Diakonie u.a.) geht. Das Christentum ist handlungstheoretisch nicht lediglich eine Lehre, die mit der Person oder mit gesellschaftlich konkreten Prozessen (Gerechtigkeitsdebatte, Bewahrung der Schöpfung, Hunger u.a.) nichts zu tun hat, vielmehr geht es doch um die Kompetenz zur Veränderung, eben zur Solidarität, zur Mitarbeit und Zusammenarbeit im Blick auf das Reich des Friedens, der Liebe und der Gerechtigkeit (Max Seckler). Das Reich Gottes meint nicht zu Unrecht, dass wir zum „Be-Reich" Gottes gehören. Der ganze handelnde Mensch ist davon berührt und ergriffen. Dies meint nicht Aktionismus, denn Kontemplation ist ebenfalls eine Handlung – eine Handlung des sich Vergessens und Nichtstuns. Auch dies ist Handlung. Die Kompetenz, beten zu können, beispielsweise ist eine herausragende, religionspädagogisch anzustrebende Kompetenz (Gronover, 2013, S. 186–222).

In diesem Sinne spricht alles für kompetenzorientiertes, religiöses Lehren und Lernen und im größeren Zusammenhang für religiöse Bildung. Dass dies auch querdenkerisch eine „Unterbrechung des Üblichen" (Johann Baptist Metz) benötigt, wird noch zu diskutieren sein.

Es geht im Religionsunterricht nicht lediglich um Teilsinne wie etwa Mathematik oder Naturwissenschaften, Medizin, Technik – diese Qualitäten der Auseinandersetzung mit der Wirklichkeit sind hochbedeutsam. Wenn ich Auto fahre, erwarte ich, dass die Techniker, die das Auto konstruiert und gefertigt haben, technisch auf dem neusten Stand gearbeitet haben, sodass meine Bremsen jederzeit funktionieren.

Es wäre inkompetent, zwischen diesen Teilsinnen und einem Gesamtsinn Rivalitäten aufzubauen. Aber das Christentum interpretiert die Wirklichkeit unter dem Horizont der Gottesbeziehung, als die Bedingung der Möglichkeit von Schöpfung – von mir verstanden auch im Kontext von Evolution –, damit auch als Bedingung der Möglichkeit, dass Technik, Mathematik, Heilungswissenschaften/Medizin, Astronomie u.a. existieren.

Die für diese Wirklichkeitsbereiche relevanten Kompetenzen hat Bildung anzustreben; Bildung hat aber auch die Frage nach der grundlegenden Begründung der Wirklichkeit zu stellen und kommt dabei um religiöse Sinndeutungen nicht herum.

Die Segnungsfeiern – meist ökumenisch konzipiert – von Motorradfahrerinnen und Motorradfahrern ersetzen schließlich nicht die technische Sicherheit eines Motorrads, ersetzen nicht die Kompetenz, ein Motorrad sicher und vorausschauend, auch die Geschwindigkeitsgrenzen und Gefährdungen erkennend, zu steuern. Aber ein solcher Segen gibt dem Motorradfahren eine komplexere Relevanz: Freude an Bewegung, Unabhängigkeit, die Zusage von Verantwortungskompetenz, dass sich anvertrauen in der eigenen Gottesbeziehung und auch die Frage nach der religiös motivierten Verantwortung, sich so zu verhalten, dass keine Unfälle entstehen und Menschen verletzt werden oder zu Tode kommen.

An diesem Beispiel ließe sich die spezielle Komplexität von technischen Kompetenzen, von kommunikativen Kompetenzen und von religiösen Kompetenzen noch weiter ausdifferenzieren, was in unserem Zusammenhang aber nicht möglich ist.

Im Blick auf die berufliche Bildung ist es von hoher Relevanz, dass berufsbezogene religiöse Kompetenzen angestrebt werden: Das von Friedrich Schweitzer und mir geleitete Forschungsprojekt „Ethische Bildung in der Pflege" – gefördert von der Bosch Stiftung – hat gerade auch in der Zusammenarbeit mit interessanten Projektmitarbeiterinnen und -mitarbeitern eine berufsbezogene interreligiöse Kompetenzerweiterung im Blick auf Pflege als Ziel. Die Relevanz ergibt sich bereits daraus, dass die interkulturelle Kompetenz in der alltäglichen Kommunikation mit Menschen aus verschiedenen Religionen, die pflegebedürftig oder pflegegebend sind, nicht ausreicht.

Eine analoge Struktur ist in dem von Friedrich Schweitzer und mir geleiteten Forschungsprojekt erarbeitet worden – gefördert von der Deutschen Forschungsgemeinschaft (DFG) zum Thema „Interventionsstudie: Wirksamkeit interreligiösen Lernens als religionsbezogene Perspektivenübernahme im Religionsunterricht an berufsbildenden Schulen (BRU)". In beiden Forschungsprojekten geht es um eine kompetenzorientierte religiöse Bildung.

Allerdings ist religiöse Bildung nicht nur kompetenzorientiert zu realisieren. Es geht auch um Bildungsprozesse, die nicht messbar sind und die auch nicht mit den derzeitigen Kompetenzkriteriologien erfassbar sind. Etwa die Kompetenz, sich in großem Leid an einem offenem Grab Gott anzuvertrauen, den toten Menschen Gott anzuvertrauen und daran zu glauben, dass er/sie auch außerhalb des jetzt toten Körpers als geistige Existenz weiter existiert: Auferweckung aus dem Tod in konkreter Alltagssituation. Diese Kompetenz überprüfen zu wollen ist nicht möglich und auch nicht anzustreben. Und dennoch geht es um eine komplexe Realisierung religiöser

Bildung, gerade auch im Blick auf Tod und Auferweckung, auf Heil und Erlösung (Biesinger, 1999, S. 120–128; Biesinger & Hänle, 1998, S. 209–228). Zu Recht formuliert Gottfried Bitter: „Was Glaubensüberlegungen teilen lässt, ist nicht zunächst die rationale Einsicht von Argumenten, die für die Plausibilität religiöser Interpretationen von Welt und Leben sprechen, als vielmehr die emotionale Erfahrung, dass dem, was Lehrer und Eltern sagen, zu trauen ist" (Bitter, 1981, S. 123). Das Dokument „Die deutschen Bischöfe, Die bildende Kraft des Religionsunterrichts: Zur Konfessionalität des katholischen Religionsunterrichtes" (27.9.1996) herausgegeben vom Sekretariat der Deutschen Bischofskonferenz, setzt sich mit neuen alternativpädagogischen Ansätzen kaum auseinander (Sekretariat der Deutschen Bischofskonferenz, 1996, S. 61–66; Beile, 1998).

Der Hinweis auf diese Aspekte darf aber nicht verschleiern, dass das Spezifikum religionspädagogischer beruflicher Bildung eben speziell die Anforderungssituation von Jugendlichen aufgreifen muss: Gott – Leben – Beruf. Diese Anforderungssituationen haben Jugendliche in den allgemeinbildenden Gymnasien so nicht. Umso wichtiger ist es, das spezielle Profil beruflicher Bildung zu würdigen und nicht dem Diskurs von Berufspädagogik und Religionspädagogik auszuweichen, sondern diesen mit hoher Kreativität zu bearbeiten.

Gerade in diesem Diskurs geht es um „Problemlösungskompetenz" und „Problembearbeitungskompetenz" (Benner, Schieder, Schluß & Willems, 2011). Das inzwischen unter dem Namen „Berliner Modell" diskutierte Projekt der Forschergruppe Benner, Schieder, Schluß und Willems vermeidet das Dual „von Kenntnis- oder Kompetenzorientierung" und unterscheidet drei Kompetenzdimensionen: „Erstens den Bereich religionskundlicher Kenntnisse, die traditionell häufig lebensweltlich in Familie, Gemeinde und Gesellschaft erworben und durch schulische Erziehung und Unterweisung erweitert und reflektiert werden […]; zweitens den Kompetenzbereich religiöser Deutungen und Interpretationen, deren Entwicklung auf Unterricht in Bezug auf Religion angewiesen ist, sowie drittens dem Bereich einer religiösen Partizipationskompetenz, die in säkularen Gesellschaften nicht mehr allein oder vorrangig durch das Leben in einer Gemeinde bestimmt wird, sondern mit Blick auf individuelle und öffentliche Funktionen von Religion auf eine künstliche Tradierung durch schulischen Unterricht angewiesen ist" (Benner et al., 2011, S. 48). Diese Differenzierung ist vor allem auch im Blick auf Partizipationskompetenz für die berufliche religiöse Bildung interessant und weiter zu bedenken.

Immerhin geht es auch in der beruflichen Bildung um die Kompetenz, im interreligiösen Dialog an konkreten Arbeitsplätzen sich den Anforderungssituationen einer multikulturell strukturierten Gesellschaft entsprechend zu stellen.

Interessant ist die Definition des Begriffes „Partizipationskompetenz". Das Forscherteam geht davon aus, dass „religiöse Kommunikation eine Dimension besitzt, die sich sowohl subjektiv als auch gesellschaftlich auslegen lässt" (ebd., S. 38). Die Partizipationskompetenz geht über die Fähigkeit, „mit Angehörigen anderer Religionen ein theologisches Gespräch führen zu können", hinaus, es geht vielmehr um die Fähigkeit, „sich selbst als in religiösen Situationen mit sich und anderen Subjekten, als von einer sachlich ausweisbaren Aufgabe angesprochen, identifizieren zu können. Eine sich so verstehende Partizipationskompetenz geht über bloße Kenntnisse, aber auch über bloß distanzierte Interpretationsfähigkeiten hinaus. Sie verlangt, bewusst bei der Sache zu sein. Ohne einen solchen Schritt der Selbstidentifikation ist die Partizipation an einer religiösen Situation nicht denkbar" (ebd., S. 39). Interessant ist, dass in diesem Ansatz die „Fähigkeit zu dieser persönlichen Auseinandersetzung […] als Partizipationskompetenz beschrieben" wird (ebd., S. 39). Es geht letztlich um existentielle Situationen, in denen Unvertretbarkeit und Nichtdelegierbarkeit angesagt sind und es um mehr als „fiktive Problemlösungsfähigkeiten, aber auch von nur formal gefassten Kommunikationstechniken" (ebd., S. 39) geht. Auf die empirischen Ergebnisse des Berliner Kompetenzmodelles kann in diesem Zusammenhang nicht eingegangen werden. Für die weitere Diskussion allerdings wird man um die Ergebnisse dieses wichtigen Forschungsprojektes nicht herumkommen.

Die Forschergruppe Benner kann belegen, „dass sich reflexive Fähigkeiten von Schülerinnen und Schülern im Zusammenhang mit Themenstellungen aus dem evangelischen Religionsunterricht durch zwei Trennschärfeskalen darstellen lassen. Die eine Skala erfasst eindeutig den Bereich religiöser Grundkenntnisse (Wissen), die andere die Fähigkeit zum religiösen Interpretieren, Deuten und Beurteilen" (ebd., S. 123).

Die Frage, ob dies neu sei, stellt sich differenziert. In der Lernzieldiskussion findet man bereits in der Curriculumtheorie genügend Belege für entsprechende Lernzieltaxonomien. Mehr als des Kaisers neue Kleider sind diese Forschungsergebnisse aber insofern, als dadurch empirische Belege auch für die religiöse Bildung vorgelegt werden, die nicht nur als Zielformulierung, sondern auch als erreichbare Kompetenzen gelten können. Insofern ist aus religionspädagogischer Sicht festzuhalten, dass es im Religionsunterricht immer auch um haltungsbezogenes Wissen und wissensbezogene Haltung geht.

Versteht man Religionsunterricht als „erziehenden Unterricht", so kann man mit Dietrich Benner festhalten: „Der erziehende Unterricht zielt gerade darauf, dass Wissen haltungsbezogen und Haltung erkenntnisbezogen angeeignet wird. Er fußt nicht auf dem Unterschied von reinem theoretischem Wissen und reiner praktischer Haltung, sondern auf der Identität und Differenz von haltungsbezogenem Wissen und erkenntnisbezogener Haltung" (Biemer & Benner, 1973, S. 240; Biemer & Biesinger, 1983, S. 103–123).

Für den weiteren Fortschritt in der Kompetenzdiskussion wird damit allerdings eine noch komplexere Baustelle aufgemacht, als sich dies bisher abgezeichnet hat. Insofern sind des Kaisers neue Kleider Ansporn, im bildungstheoretischen Zirkel der vergangenen 40 Jahre Synergien und Vernetzungen aufzubauen und weiter zu bearbeiten. Besonders im Blick auf die Kompetenzenperzeption, -kognition, -performanz, -interaktion und -partizipation.

Somit lässt sich das Kompetenzmodell des Comeniusinstituts (Sajak & Feindt, 2012, S. 93–94) im Hinblick auf das Anliegen von Benner – haltungsbezogenes Wissen und wissensbezogen Haltung – weiter erforschen.

Eines der großen Probleme wird sein, dass auf der Wissensebene Steigerungen nachweisbar sind, aber auf der Einstellungs- und Verhaltensebene – zumindest nach der Arbeit von Ritzer (2010) – nicht. Er schreibt: „Lüders und Rauin ist Recht zu geben, wenn sie fordern, dass die Qualität des Unterrichts die Dimension ist, die zu optimieren Aufgabe von LehrerInnen ist. Denn Faktoren wie familiärer Hintergrund der SchülerInnen und deren Intelligenz sind kaum zu beeinflussende Größen. Es ist kaum möglich, bei SchülerInnen bereits tief verwurzelte Werthaltungen durch maximal zwei Unterrichtseinheiten in der Woche zu verändern. Religionsunterricht kann Wissensinhalte vermitteln und eine kritische Auseinandersetzung mit Inhalten begünstigen. Es kann von ihm nicht gefordert werden, dass er verlässlich habituelle Veränderung leistet. Religionsunterricht kann dazu lediglich einen (bescheidenen) Beitrag leisten" (Ritzer, 2010, S. 425). Daraus zu schließen, dass die religiöse Domäne eines wie immer zu differenzierenden Kompetenzmodells unbearbeitet bleiben sollte bzw. sich auf den Faktor Wissen beschränken sollte, ist allerdings ein Fehlschluss. Die Problematisierung von Werturteilen im Religionsunterricht und die Auseinandersetzung mit den großen Fragen des Lebens schielen nur in Einzelaspekten auf erzielte Wirkungen. In ihrer Breite sind sie Selbstzweck, insofern sie vermitteln, dass sie als Fragen wertvoll sind.

Religionsunterricht ist immer auch erziehender Unterricht und zielt auf eine wissensbezogene Haltung. Die aktuellen Forschungen zur Kompetenzorientierung fokussieren deswegen Einzelaspekte menschlicher Haltungen wie beispielsweise die Perspektivenübernahme. Schülerinnen und Schüler werden zu interreligiösen Themen unterrichtet und daraufhin befragt, ob sie die Perspektive einer anderen Religion einnehmen können und wie sie dies erleben.

Literatur

Beile, H. (1998). *Religiöse Emotionen und religiöses Urteil: Eine empirische Studie über Religiosität bei Jugendlichen.* Ostfildern: Schwabenverlag.

Benner, D., Schieder, R., Schluß, H. & Willems, J. (Hrsg.) (2011). *Religiöse Kompetenz als Teil öffentlicher Bildung: Versuch einer empirisch, bildungstheoretisch und religionspädagogisch ausgewiesenen Konstruktion religiöser Dimensionen.* Paderborn: Schöningh.

Biemer, G. & Benner, D. (1973). Elemente zu einer curricularen Strategie für den Religionsunterricht in der Sekundarstufe II. *Pädagogische Rundschau 27,* 798–822.

Biemer, G. & Biesinger A. (1976). *Theologie im Religionsunterricht: Zur Begründung der Inhalte des Religionsunterrichts aus der Theologie.* München: Kösel.

Biesinger, A. (1983). Aufgaben des Religionslehrers. In G. Biemer & A. Biesinger (Hrsg.), *Christwerden braucht Vorbilder: Beiträge zur Neubegründung der Leitbildthematik in der religiösen Erziehung und Bildung* (S. 102–123). Mainz: Grünewald.

Biesinger, A. (1999). Wie der Religionsunterricht Zukunft hat – Kognition, Emotion und religiöse Handlungsorientierung. *ThQ, 179*(2), 119–131.

Biesinger, A. & Hänle, J. (1998). Zwischen Horror und Erlösung: Gerichtsvorstellungen Jugendlicher als Herausforderung an religionspädagogische Theorie und Praxis. *ThQ, 178*(3), 209–228.

Bitter, G. (1981). Zur sozialen Dimension der Glaubensvermittlung. Eine religionspädagogische Zwischenbilanz. *Katechetische Blätter, 106*, 122–131.

Bleistein, R. (1971). *Kurzformeln des Glaubens: Prinzip einer modernen Religionspädagogik I-II*, Würzburg: Echter.

Callies, E. et al. (1974). *Sozialwissenschaft für die Schule: Umrisse eines Struktur- und Prozesscurriculums*. Stuttgart: Klett.

Fiedler, P. (1982). Der Anspruch Jesu in seiner bleibenden Bedeutung. In G. Biemer & D. Knab (Hrsg.), *Lehrplanarbeit im Prozess: Religionspädagogische Lehrplanreform* (S. 49–54). Freiburg i.Br.: Herder.

Fink, E. (1957). *Oase des Glücks: Gedanken zu einer Ontologie des Spiels*. Freiburg i.Br.: Alber.

Fischer, F. (1975). *Darstellung der Bildungskategorien im System der Wissenschaften*. Ratingen: Henn-Verlag.

Gronover, M. (2013). Das Gebet im Horizont von religiöser Kompetenz und Differenz. Religionspädagogische Perspektiven. In W. Eisele (Hrsg.), *Gott bitten? Theologische Zugänge zum Bittgebet* (S. 186–222). Freiburg i.Br.: Herder.

Nipkow, K. E. (1982). Das Problem der Elementarisierung der Inhalte des Religionsunterrichtes. In G. Biemer & D. Knab (Hrsg.), *Lehrplanarbeit im Prozess: Religionspädagogische Lehrplanreform* (S. 73–96). Freiburg i.Br.: Herder.

Ritzer, G. (2010). *Interesse – Wissen – Toleranz – Sinn: Ausgewählte Kompetenzbereiche und deren Vermittlung im Religionsunterricht. Eine Längsschnittstudie*. Münster: Lit.

Robinsohn, S. B. (1971). *Bildungsreform als Revision des Curriculum*. (3. überarbeitete Auflage). Neuwied: Luchterhand.

Sajak, C. P. & Feindt, A. (2012). Zur Signatur kompetenzorientierter Unterrichtsgestaltung im Religionsunterricht: Ergebnisse aus den unterrichtspraktischen Forschungsprojekten KompRU und KompKath. In C. P. Sajak (Hrsg.), *Religionsunterricht kompetenzorientiert: Beiträge aus fachdidaktischer Forschung* (S. 89–106). Paderborn: Schöningh.

Schütz, E. (1982a). Glaube und Menschsein: Zur elementar-anthropologischen Grundlegung der Religionspädagogik. In G. Biemer & D. Knab (Hrsg.), *Lehrplanarbeit im Prozess: Religionspädagogische Lehrplanreform* (S. 19–26). Freiburg i.Br.: Herder.

Schütz, E. (1982b). Überlegungen zu einer existential phänomenologisch ‚lebens-weltlich' orientierten Didaktik und Curriculumarbeit. In G. Biemer & D. Knab (Hrsg.), *Lehrplanarbeit im Prozess: Religionspädagogische Lehrplanreform* (S. 27–36). Freiburg i.Br.: Herder.

Sekretariat der Deutschen Bischofskonferenz (Hrsg.) (1996). *Die bildende Kraft des Religionsunterrichts: Zur Konfessionalität des katholischen Religionsunterrichtes*. Bonn: Sekretariat der Deutschen Bischofskonferenz.

Kompetenzorientierung im RUaBS

Albert Biesinger, Aggi Kemmler und Joachim Schmidt
unter Mitarbeit von Johannes Gather und Josef Jakobi[1]

Religiöse Kompetenz – ein Definitionsangebot für den Religionsunterricht an berufsbildenden Schulen

Das Thema Kompetenzentwicklung ist in den letzten Jahren zum leitenden Paradigma innerhalb der allgemeinen, besonders aber der beruflichen Bildung aufgestiegen. In besonderer Weise machen die gegenwärtigen Diskussionen um den Deutschen Qualifikationsrahmen (DQR) deutlich, wie die Sozialpartner darum ringen, das bestehende deutsche Bildungssystem in die vorgeschlagenen europäischen Rahmenmodelle von Stufen der Kompetenzentwicklung zu „übersetzen". Kompetenzen werden die bildungspolitischen Rahmenbedingungen der nächsten Jahre, vielleicht sogar Jahrzehnte bestimmen und es drängt sich der Verdacht auf, dass Kompetenzen, die nicht in europäische bzw. nationale Richtlinien Eingang finden, mit der Zeit immer stärker auf ihre notwendige Repräsentanz im Bildungssystem hin befragt und letztlich auch als unnötig abgestempelt werden werden. Vor diesem Hintergrund ist beachtenswert, dass der DQR explizit von einer „interreligiösen Kompetenz" und von „religiöser Reflexivität" spricht (Arbeitskreis Deutscher Qualifikationsrahmen, 2011).

Die Religionspädagogik erweist sich in diesem Sinne *einerseits* als „Getriebene", die ihren Beitrag zur allgemeinen und speziellen Bildung auch in der Kompetenz-Semantik ausdrücken muss. Dabei gab es durchaus Verweigerungshaltungen, die die religionspädagogische Theoriebildung vor dem Irrtum einer Anbiederung an die einseitig wirtschafts- und verwertungsorientierten Leitmotive der Berufspädagogik bewahren wollten (Krautz, 2009, S. 87–100).

Die Religionspädagogik hat es *andererseits* in den letzten Jahren aber auch positiv verstanden, ihre bildungstheoretische und schulpädagogische Begründung dadurch zu vertiefen, dass sie deutlich machen konnte, in welchem Maße und in welcher Form der Religionsunterricht und die religiöse Bildung einen Beitrag zur fachlichen, methodischen, sozialen und personalen Kompetenzentwicklung von Menschen leisten kann – ohne dass dabei *alle* Kompetenzen erfassbar oder gar überprüfbar wären (Sekretariat der Deutschen Bischofskonferenz, 2010).

Vor diesem Hintergrund entstanden auf katholischer wie auf evangelischer Seite auch einige Modelle, die versuchten, die Spezifika religiöser Kompetenz zu beschreiben und abzubilden. Die meisten Modelle ähneln sich in bestimmten Bereichen:
- In fast allen Modellen wird auf die Kompetenzdefinition von E. Klieme Bezug genommen, der seinerseits in seinem Nationalen Bildungsbericht auf die Beschreibung von F. Weinert zurückgreift.

---

1 Der Artikel stellt eine leicht überarbeitete Version des unter der gleichen Überschrift erschienen Artikels in rabs 1/2010 dar.

- Kompetenzen sind demnach übereinstimmend Kenntnisse, Fähigkeiten und Bereitschaften, die Menschen dazu in die Lage versetzen, bestimmte Probleme bzw. herausfordernde Situationen zu bewältigen.
- Alle Modelle beschreiben – neben der allgemeinen Kompetenzdefinition – bestimmte Dimensionen religiöser Kompetenz, wie z.B. ästhetische Kompetenz, religiöses Fachwissen, Urteilsvermögen etc.
- Alle Modelle sind sich darüber einig, dass religiöse Kompetenz sich (noch) nicht über bestimmte Inhalte definiert, dass aber Kompetenzen domänenspezifisch an bestimmten Inhalten entwickelt werden können bzw. müssen.

Keines dieser Modelle ist speziell für den Religionsunterricht an berufsbildenden Schulen konzipiert worden. Während sich viele Modelle gar nicht auf eine Schulart festlegen, kann für die meisten Modelle doch ausgemacht werden, dass sie vor allem für den Bereich allgemeinbildender Schulen Geltung besitzen.

Warum braucht nun der Religionsunterricht an berufsbildenden Schulen eine eigenständige Kompetenzbeschreibung und greift nicht einfach auf eines der beschriebenen Modelle zurück?

- Berufliche Bildung wird immer wieder als Abgrenzung zu einer „allgemeinen Bildung" konzipiert. Kompetenzen im berufsbildenden Bereich sollen wesentlich für die Herausforderungen rüsten, denen Auszubildende und spätere Berufstätige im beruflichen Kontext begegnen. Ein religiöser Zugang innerhalb dieses Systems verlangt daher eigene Begründungsstrategien und muss in der Lage sein, nicht nur allgemeinpädagogisch, sondern auch *berufspädagogisch* zu argumentieren. [2]
- Der gesamte Lernkontext beruflicher Bildung ist – mit Ausnahme weniger Fächer, zu denen auch der Religionsunterricht gehört – strikt *handlungsorientiert* ausgerichtet. Kompetenzorientierung entwickelt sich für die Fächer im beruflichen Handlungsfeld in den Lernfeldern. Diese spezifisch handlungs- und anforderungsorientierte Konzeption von Kompetenz ist spezifisch für die berufliche Bildung. Ein berufsorientiertes Konzept religiöser Kompetenz tut gut daran, sich dieser Handlungsdimension bewusst zu sein und sie in die Definition aufzunehmen.
- Die KMK-Rahmenrichtlinien – ebenso wie die Ausführungen einiger Berufspädagogen – eröffnen in ihren Kompetenzbeschreibungen ein breites Feld von „Andockmöglichkeiten" auch für Ausdrucksformen religiöser Kompetenz. Diese sollten auch von Seiten der Religionspädagogik genutzt werden, um der speziellen Gestalt von religiöser Kompetenzentwicklung im Kontext beruflicher Bildung Rechenschaft zu tragen.
- Der Religionsunterricht an berufsbildenden Schulen (BBS) baut auf den in der Sekundarstufe I erworbenen Standards auf. Aufgabe eines Religionsunterrichts an BBS ist es, jungen Menschen, die in einer Übergangssituation vom Jugend- ins Erwachsenenalter, von der Schule in die Arbeitswelt, von der Herkunftsfamilie in

---

2 Siehe zur Diskussion um die Vergleichbarkeit der Kompetenzbegriffe aus dem allgemeinbildenden und dem berufsbildenden Bereich auch Dilger & Sloane (2005).

ein selbständiges Leben in neuen Beziehungen und gesellschaftlichen Zusammenhängen stehen, Raum zu geben, in der Auseinandersetzung mit der christlichen Tradition diese Übergänge zu deuten und zu gestalten. Aus diesem Grund greift auch das Kompetenzverständnis der Berufspädagogik zu kurz. Es würde den Religionsunterricht für berufliche Zwecke funktionalisieren.

- Der Religionsunterricht an BBS nimmt neben dem beruflichen auch den privaten und den gesellschaftlichen Lebensbereich in den Blick. Ausgangspunkt sind nicht nur gegenwärtige und zukünftige Handlungssituationen, die bewältigt werden müssen, sondern auch und gerade vergangene, gegenwärtige und zukünftige Erfahrungen, Widerfahrnisse, Schicksale und Begegnungen, die gedeutet werden wollen sowie Entscheidungen, die getroffen, und Urteile, die gefällt werden müssen. Die religiöse Handlungskompetenz entfaltet sich daher in verschiedenen Dimensionen: der Wahrnehmungs- und Deutungskompetenz, der Urteils- und Entscheidungskompetenz, der Verständigungskompetenz und der Gestaltungskompetenz.

- Auch historisch-religionspädagogische Gründe sprechen für eine eigene Kompetenzdefinition im berufsbildenden Bereich: So weist der Grundlagenplan für den Religionsunterricht an berufsbildenden Schulen aus dem Jahr 2002 eine sehr spezifische Struktur auf: er verschränkt schon in der Themenformulierung (z.B.: „Schöpfung – Zwischen geschenkter und gemachter Welt") private, berufliche und gesellschaftliche Herausforderungen mit theologischen Leitmotiven. Gleichzeitig radikalisiert er die theologische Zuspitzung auf die Botschaft vom Reich Gottes hin, was nicht eine Verkürzung, wohl aber eine – richtig verstandene – Elementarisierung bedeutet (Sekretariat der Deutschen Bischofskonferenz, 2002, S. 24; S. 34).

Aus diesen Gründen schien es dem Team des Katholischen Instituts für berufsorientierte Religionspädagogik (KIBOR) von Bedeutung, einen Definitionsversuch zur Diskussion vorzulegen. Wir wünschen uns eine breite, gerne auch kritische Debatte zu dem hier präsentierten Ansatz und führen die Diskussion gerne bei passenden Gelegenheiten weiter.

Definition „Religiöse Kompetenz" des KIBOR

Unter religiöser Kompetenz, wie sie im katholischen Religionsunterricht an berufsbildenden Schulen entwickelt wird, verstehen wir
die Bereitschaft, den Willen und die Fähigkeit, in Anforderungssituationen beruflicher, gesellschaftlicher und privater Lebensbereiche das eigene Handeln sachgemäß sowie individuell und sozial verantwortlich zu gestalten und dabei die Reich-Gottes-Botschaft Jesu als kritisches Potenzial und als Hoffnungsansage einzubringen.

Dabei nutzt der/die Handelnde fachliche, personale und soziale Dispositionen selbstorganisiert und situationsangemessen. Dispositionen werden in diesem Zusammenhang verstanden als persönliche Voraussetzungen (Anlagen, Werthaltungen, Kenntnisse, Fähigkeiten, Bereitschaft, ...) für das Handeln.[3]

Religiöse Kompetenz entfaltet sich in den Dimensionen:

*   Wahrnehmungs- und Deutungskompetenz:
    Bereitschaft, Wille und Fähigkeit, religiös bedeutsame Aspekte und Fragen in den drei Lebensbereichen wahrzunehmen sowie religiöse Zeugnisse und Traditionen als mögliche Antworten auf existentielle Herausforderungen zu verstehen.
*   Urteils- und Entscheidungskompetenz:
    Bereitschaft, Wille und Fähigkeit, im Kontext der Pluralität der Lebensentwürfe und Weltanschauungen einen eigenen Standpunkt zu religiösen und ethischen Fragen einzunehmen und in den drei Lebensbereichen argumentativ und durch persönliches Engagement zu vertreten.
*   Verständigungskompetenz:
    Bereitschaft, Wille und Fähigkeit, über die eigene Religion bzw. die eigene Religiosität Auskunft zu geben und im Sinne einer starken Toleranz in die Auseinandersetzung mit ethischen und religiösen Grundüberzeugungen anderer Kulturen und Weltanschauungen einzutreten.
*   Gestaltungskompetenz:
    Bereitschaft, Wille und Fähigkeit, religiös bedeutsame Ausdrucks- und Gestaltungsformen situationsgerecht zu entwickeln und in die drei Lebensbereiche zu integrieren.

---

3   Nähere Erläuterungen zu dem Begriff „Dispositionen" siehe unten.

Das KIBOR-Modell religiöser Handlungskompetenz

...in Anforderungssituationen gesellschaftlicher Lebensbereiche	...in Anforderungssituationen beruflicher Lebensbereiche	...in Anforderungssituationen beruflicher Lebensbereiche	...in Anforderungssituationen gesellschaftlicher Lebensbereiche
...in Anforderungssituationen privater Lebensbereiche	*Wahrnehmungs- und Deutungskompetenz* Bereitschaft, Wille und Fähigkeit, religiös bedeutsame Aspekte und Fragen wahrzunehmen sowie religiöse Zeugnisse und Traditionen als mögliche Antworten auf existentielle Herausforderungen zu verstehen.	*Urteils- und Entscheidungskompetenz* Bereitschaft, Wille und Fähigkeit, im Kontext der Pluralität der Lebensentwürfe und Weltanschauungen einen eigenen Standpunkt zu religiösen und ethischen Fragen einzunehmen und argumentativ und durch persönliches Engagement zu vertreten.	...in Anforderungssituationen privater Lebensbereiche
...in Anforderungssituationen privater Lebensbereiche	Bereitschaft, Wille und Fähigkeit, über die eigene Religion bzw. die eigene Religiosität Auskunft zu geben und im Sinne einer starken Toleranz in die Auseinandersetzung mit ethischen und religiösen Grundüberzeugungen anderer Kulturen und Weltanschauungen einzutreten. *Verständigungskompetenz*	Bereitschaft, Wille und Fähigkeit, religiös bedeutsame Ausdrucks- und Gestaltungsformen situationsgerecht zu entwickeln und in die drei Lebensbereiche zu integrieren. *Gestaltungskompetenz*	...in Anforderungssituationen privater Lebensbereiche
...in Anforderungssituationen gesellschaftlicher Lebensbereiche	...in Anforderungssituationen beruflicher Lebensbereiche	...in Anforderungssituationen beruflicher Lebensbereiche	...in Anforderungssituationen gesellschaftlicher Lebensbereiche

(Zentrum: Religiöse Handlungskompetenz in Anforderungssituationen beruflicher, privater und gesellschaftlicher Lebensbereiche)

Erläuterung zentraler Elemente aus der Definition

Was sind Dispositionen?

In der Definition wird davon gesprochen, dass der/die Handelnde zur Bewältigung der ihm/ihr gestellten Herausforderungen „Dispositionen" nutzt, die ihm/ihr zur Verfügung stehen. Wie ist nun dieser Begriff in der Definition von religiöser Kompetenz zu verstehen?

Der Begriff „Dispositionen" begegnet uns im Alltagsgebrauch eher selten. Man ist zwar „indisponiert", wenn man momentan nicht in der Lage ist, eine bestimmte Tätigkeit zu erfüllen oder einen angesagten Besuch zu empfangen. Oftmals versucht man durch die Verwendung des Begriffs im Alltag aber, einen wirklichen Grund zu verschleiern – beispielsweise den, dass man keinerlei Lust empfindet, die benannte Tätigkeit anzugehen oder den angekündigten Besuch zu verköstigen.

Im Gegensatz dazu spricht die Psychologie von „Dispositionen" als Bereitschaften und Fähigkeiten sowie den Möglichkeiten, „bestimmte seelische oder auch körperliche Inhalte (Leistungen, Erlebnisweisen, Erkrankungen, Reaktionsbereitschaften usw.) auszuleben" (Huber, 1994, S. 165).

Innerhalb der Definition zur religiösen Kompetenz rekurriert die Verwendung des Begriffs vor allem auf die Verwendung durch J. Erpenbeck. Er bezeichnet Kompetenzen als „Selbstorganisationsdispositionen des Individuums" und versteht dabei unter dem Begriff „Dispositionen die bis zu einem bestimmten Zeitpunkt entwickelten inneren Voraussetzungen zur Regulation der Tätigkeit" (Erpenbeck & Heyse, 1999, S. XXIX). Einem Menschen stehen eine Vielzahl solcher erworbenen oder vererbten Voraussetzungen zur Verfügung. In einer bestimmten Anforderungssituation kann er nun spezifische dieser Voraussetzungen besonders gut gebrauchen. Ist er in der Lage, selbstorganisiert diese Dispositionen zu „aktivieren", spricht Erpenbeck nicht mehr von Dispositionen (denn diese können auch in einem schlummern, ohne aktiviert zu werden bzw. werden zu können), sondern von Kompetenzen. Diese aktivierten Dispositionen sind also streng genommen immer *Handlungs*kompetenzen, weil sie immer im Kontext eines ganz bestimmten Handelns zur Bewältigung von Lebenssituationen aktiviert werden.

Was sind Anforderungssituationen?

Anforderungssituationen bezeichnen im Kompetenzverständnis des KIBOR didaktisch aufbereitete, herausfordernde Situationen, die dem Menschen in den drei Lebensbereichen – dem beruflichen, dem privaten und dem gesellschaftlichen – begegnen und für die im Religionsunterricht Deutungs-, Entscheidungs- und Handlungsmodelle bereitgestellt, erarbeitet, reflektiert und eingeübt werden können. Die Herausforderungen des Lebens werden für den Unterricht methodisch und didaktisch aufbereitet, indem sie z.B. in ihrer Komplexität reduziert werden. In den Anforderungssituationen bleibt der Situationsbezug, der „Sitz im Leben" erhalten und für alle am Unterrichtsgeschehen Beteiligten präsent.[4]

Warum (nur) die Reich-Gottes-Botschaft als christliche Perspektive?

Die Definition umfasst als theologische Perspektive die Aufgabe, „die Reich-Gottes-Botschaft Jesu als kritisches Potenzial und als Hoffnungsansage einzubringen". Diese Ausrichtung scheint zunächst eine Beschränkung zu sein. Warum ist gerade die Reich-

---

4   Der Begriff „Anforderungssituation" wird auch in den neuen kompetenzorientierten Bildungsplänen des Landes Nordrhein-Westfalen verwendet. Dort bezeichnet der Begriff jedoch „berufliche, fachliche und öffentlich/gesellschaftliche und/oder persönliche Problemstellungen, in denen sich Absolventen und Absolventinnen bewähren müssen" (MSW, 2013, S. 23). Die methodisch-didaktische Umsetzung der Anforderungssituationen im Sinn dieser Bildungspläne erfolgt in Lehr-Lernarrangements und Lernsituationen (ebd., S. 28). Im KIBOR-Kompetenzmodell hingegen werden, in Anlehnung an die aktuelle religionsdidaktische Diskussion, mit Anforderungssituationen bereits didaktisch aufbereitete Problemstellungen und Herausforderungen des Lebens bezeichnet. Nähere Erläuterungen zu Merkmalen von Anforderungssituationen im Verständnis des KIBOR-Kompetenzmodells siehe hierzu den Beitrag von Kemmler zu Anforderungssituationen in diesem Buch.

Gottes-Botschaft Jesu die theologische Leitperspektive und nicht seine Auferstehung, sein Leben und Sterben oder gar die gesamte Christusverkündigung im Alten und Neuen Testament?

Die Antwort hierauf bedürfte einer umfangreicheren theologischen Erörterung als sie an dieser Stelle geleistet werden kann. Zu den Begründungsstrukturen kann an dieser Stelle nur spiegelstrichartig Stellung genommen werden:

- Die Reich-Gottes-Botschaft kann mit Recht als eine „Zentralidee des Christentums" bezeichnet werden. Diese Einschätzung stammt im Wesentlichen von Johann Sebastian Drey und Johann Baptist Hirscher, zwei Theologen der „Tübinger Schule" im 19. Jahrhundert. Deren Grundidee, das Christentum aus der Perspektive des Reiches Gottes her zu denken und die Anliegen der Verkündigung und Katechese darauf auszurichten, hat bis heute Bedeutung.[5] Gerade der Ansatz der Elementarisierung zeigt, wie wichtig es ist, Lernanliegen auf zentrale Inhalte und Grundbegriffe zu beziehen, die die Kraft besitzen, exemplarische Bedeutungen zu entfalten.

- Reich Gottes ist für Drey und Hirscher diejenige Wirklichkeit, in der Gott und Mensch zusammentreffen: „Drey und Hirscher denken das Reich Gottes strikt als Reich Gottes. Gott, das Gottesverständnis und die Gotteslehre, ist der erste und wichtigste Ansatzpunkt. Wer sein Reich denken will, muss ihn denken. Der andere Ansatzpunkt ist der Mensch, denn es soll ein Reich sein, in dem der Mensch seine eigene, wahre und letzte Bestimmung findet, und zwar ohne jede Entfremdung. Wer also das Reich Gottes denken will, muss es vom Sein Gottes her als Reich von Menschen und für Menschen denken" (Seckler, 1989, S. 22). Dieser Bezug von Mensch und Gott ist in der Reich-Gottes-Idee auf besondere Weise aufbewahrt. Für die Entdeckung der Realität Gottes im Leben (und Arbeiten) von Schülerinnen und Schülern an berufsbildenden Schulen scheint daher eine theologische Elementarisierung auf den Reich-Gottes-Kontext besonders lohnend.

- Dies gilt in besonderer Weise für die Spannung, die sich im Reich-Gottes-Begriff selbst auftut: Sowohl der Einsatz für eine gerechte und lebenswerte Welt im Hier und Jetzt als auch die Bewahrung einer übergreifenden Vision, die „noch nicht" ist, gehören in die Perspektive der Gottesherrschaft. Das macht sie für Berufsschülerinnen und Berufsschüler lebensrelevant und (jugend-)theologisch fassbar: „Gott ist Gemeinschaft, Gott ist Geschwisterlichkeit, ist Gerechtigkeit, ist tägliches Brot, ist Macht-in-Beziehung, ist Solidarität, ist Geschenk, ist Wunder, ist Überraschung, ist Vergebung, ist Freiheit, bestimmt das Jetzt und bleibt zugleich Gegenstand unseres Bittens: ‚Dein Reich komme – es erreiche unser Jetzt und sei unsere Zukunft'" (Kosch, 2007, S. 88).

- Schließlich, und damit sollen die Überlegungen zum Reich-Gottes-Bezug der Definition an dieser Stelle abgeschlossen werden, prägt der Begriff auch die Überlegungen des Grundlagenplanes für den katholischen Religionsunterricht an Berufsschulen. Dort wird als theologische Akzentuierung der Reich-Gottes-Begriff

---

5   Hierzu siehe auch die religionspädagogischen Anmerkungen zu Hirscher bei Biesinger (1989, S. 115–127).

gewählt: „In der christlichen Verkündigung nimmt die Reich-Gottes-Botschaft eine zentrale Stellung ein. Der Religionsunterricht thematisiert deshalb Mensch und Welt vor allem in ihrem Bezug zu dem einen Gott und seinem Versöhnungshandeln und fragt nach den Konsequenzen einer solchen Perspektive für das Handeln der Auszubildenden in Schule, Betrieb, Privatleben und Politik" (Sekretariat der Deutschen Bischofskonferenz, 2002, S. 23).

Literatur

Arbeitskreis Deutscher Qualifikationsrahmen (Hrsg.) (2011). *Deutscher Qualifikationsrahmen für lebenslanges Lernen*. Verabschiedet am 22. März 2011. Ohne Ort.

Biesinger, A. (1989). Zur Relevanz des katechetischen Ansatzes Hirschers für die gegenwärtige katechetische Situation. In G. Fürst (Hrsg.), *Glaube als Lebensform: Der Beitrag Johann Baptist Hirschers zur Neugestaltung christlich-kirchlicher Lebenspraxis und lebensbezogener Theologie* (S. 115–127). Mainz: Grünewald.

Dilger, B. & Sloane, P. F. E. (2005). The Competence Clash – Dilemmata bei der Übertragung des „Konzepts der nationalen Bildungsstandards" auf die berufliche Bildung. *bwp@, 8.* http://www.bwpat.de/ausgabe8/sloane_dilger_bwpat8.shtml [04.11.2013].

Erpenbeck, J. & Heyse, V. (1999). *Die Kompetenzbiografie: Strategien der Kompetenzentwicklung durch selbstorganisiertes Lernen und multimediale Kommunikation*. Münster: Waxmann.

Huber, O. (1994). Disposition. In H. Häcker & K. H. Stapf (Hrsg.), *Dorsch Psychologisches Wörterbuch* (S. 165). Bern: Huber.

Kosch, D. (2007). Die Gottesherrschaft erreicht das Jetzt: Eine Annäherung an Mk 1,15 und Lk 11,2 par Mt 6,10. *Bibel und Kirche, 2,* 85–88.

Krautz, J. (2009). Bildung als Anpassung? Das Kompetenz-Konzept im Kontext einer ökonomisierten Bildung. *Fromm Forum, 13,* 87–100.

Ministerium für Schule und Weiterbildung des Landes Nordrhein-Westfalen [MSW] (2013): *Bildungsplan zur Erprobung für die Bildungsgänge der Höheren Berufsfachschule, die zu beruflichen Kenntnissen und zur Fachhochschulreife führen. Bereich: Wirtschaft und Verwaltung. Katholische Religionslehre*. Ohne Ort.

Seckler, M. (1989). Die Reich Gottes Idee bei Johann Baptist Hirscher und in der Tübinger Schule: Zur Aktualität der Zentralidee des Christentums. In G. Fürst (Hrsg.), *Glaube als Lebensform: Der Beitrag Johann Baptist Hirschers zur Neugestaltung christlich-kirchlicher Lebenspraxis und lebensbezogener Theologie* (S. 12–32). Mainz: Grünewald.

Sekretariat der Deutschen Bischofskonferenz (Hrsg.) (2002). *Grundlagenplan für den Katholischen Religionsunterricht an Berufsschulen*. München: Deutscher Katecheten-Verein.

Sekretariat der Deutschen Bischofskonferenz (Hrsg.) (2010). *Kirchliche Richtlinien zu Bildungsstandards für den katholischen Religionsunterricht in den Jahrgangsstufen 5–10/ Sekundarstufe I (Mittlerer Schulabschluss)* (4. überarbeitete Auflage). Bonn: Sekretariat der Deutschen Bischofskonferenz.

Johannes Gather
unter Mitarbeit von Aggi Kemmler und Joachim Schmidt

Merkmale kompetenzorientierten Lehrens und Lernens im Religionsunterricht an berufsbildenden Schulen

„Non vitae, sed scholae discimus." Seneca übte mit diesem diagnostischen Satz Kritik an den römischen Philosophenschulen des ersten Jahrhunderts. Man mag Senecas Bildungsverständnis nicht in allen Punkten zustimmen. Seine Kritik kann ideologisch ebenso gut von Befürworten der rein „nützlich" instrumentalisierten Bildung übernommen werden. Es kommt eben entscheidend darauf an, um welche Bereiche des Lebens es bei Bildung gehen soll. Die Forderung nach lebensbedeutsamem Lernen, nach Kompetenzerwerb für das Leben, nach erfahrungsbezogener Lebenstüchtigkeit (discere = lernen, in Erfahrung bringen) ist also so alt wie die Schule selbst. Kompetenzorientiertes Lernen folgt der Einsicht, dass Leben in komplexen, einander bedingenden Zusammenhängen zu bewältigen ist und dass das Gesamte des Lebens mehr ist als die Summe einzelner Lebenssegmente.

Für die im Folgenden beschriebenen Merkmale steht die „religiöse Handlungskompetenz in Anforderungssituationen beruflicher, privater und gesellschaftlicher Lebensbereiche" im Zentrum der Betrachtung, wie sie im vorherigen Beitrag vorgestellt wurde. Das Lehr-Lernarrangement orientiert sich also an Anforderungssituationen, die das Leben stellt. Das scheint nicht neu, könnte man sagen. War das nicht schon der Anspruch der Curriculumsdiskussion der 1970er Jahre? In der Tat ist der kompetenzorientierte Religionsunterricht kein völlig anderer als der, der in den vergangenen Jahrzehnten gefordert und entwickelt wurde. Jedoch standen frühere Religionsdidaktiken unter dem Paradigma der Lernzielorientierung. Das Verstanden-Haben des (vorrangig fachwissenschaftlich strukturierten) Lehrstoffs und seiner Anwendungsoptionen im Leben wurde in operationalisierte und überprüfbare Lernziele für Unterrichtseinheiten gefasst. Kompetenzorientierter Religionsunterricht folgt dem didaktischen Prinzip der Handlungsorientierung, das heißt, er orientiert sich deutlicher am Handeln des Menschen in seinen verschiedenen Lebensbereichen. Ausgangspunkt seines didaktischen Wirkens sind lebensnahe Anforderungssituationen, an deren Herausforderungen die Lernenden Einsichten, Standpunkte und Gestaltungswege – Kompetenzen – für ihr Handeln erwerben können. Folgt man diesem Verständnis des Handlungsbegriffs und der Handlungsorientierung, so ist Kompetenzerwerb nicht input-orientiert (Was wird im Unterricht gelehrt?) sondern outcome-orientiert (Welche neu erworbenen Fähigkeiten kann der Schüler bzw. die Schülerin für das eigene Handeln in privaten, gesellschaftlichen und beruflichen Lebensbereichen nutzen?) zu verstehen.

Merkmale eines kompetenzorientierten Religionsunterrichts sind also nicht im exklusiven Sinne als negative Abgrenzung von bisherigen religionspädagogischen Ansätzen zu verstehen. „Merkmale" meint eine Zusammenstellung positiver Zuschreibungen ohne Anspruch auf Vollständigkeit, sozusagen eine Beschreibung einiger wesentlicher Charakterzüge kompetenzorientierten Religionsunterrichts in der berufsbildenden Schule. Sie folgen der Frage: Woran merke ich, dass der Unterricht kompetenzorientiert ist? Bei den im Folgenden formulierten Merkmalen findet Berücksichtigung, dass es im RUabS um den Erwerb von berufs- und lebensorientierten Kompetenzen geht, also um den Erwerb von Kompetenzen für Anforderungssituationen in und außerhalb des unmittelbar Beruflichen, und dass die Kompetenz eines zunehmend reflektierten Handelns erworben werden soll. Der RUabS fördert die Reifung eines persönlichen Standpunktes. Mit der Orientierung an der Reich-Gottes-Botschaft optiert er den Erwerb einer eigenen Glaubenshaltung, einer entschiedenen religiösen Position im Hinblick auf eine Lebensgestaltung in Verantwortung und Ehrfurcht vor Gott.[1] „Auch religiöses Lernen geschieht als offener Erfahrungsprozeß, und zwar […] in Zusammenhängen, in denen Menschen aus der erfahrenen und erhofften Beziehung zu einer letzten Sinnmitte heraus ihr Leben und ihre Umwelt gestalten" (Kießling, 2004, S. 168).

1. Kompetenzorientiertes Lernen ist bildungs-bezogenes Lernen, indem es den Lernenden nicht nur Lernstoff vermittelt, sondern sie Wege finden lässt, sich selbst Kenntnisse und Fähigkeiten anzueignen, um das Leben immer besser lesen zu lernen und sich lebenslang immer mehr Lebenstüchtigkeit anzueignen.

Berufliche Bildung zielt auf Professionalität, bei der es um mehr geht als Leistung und umfangreiches Fachwissen. Sie wird daran gemessen, ob ein Mensch in der Lage ist, anspruchsvollen Maßstäben zu genügen. Auch in außerberuflichen Lebenssituationen, im sogenannten sonstigen Leben, ist der Mensch mit Ereignissen konfrontiert, die ihm souveränen, quasi-professionellen Umgang abverlangen. „Leben ist das, was geschieht, während du eifrig dabei bist, andere Pläne zu machen", hat John Lennon einmal gesagt (Lennon, 1980). Kompetenzorientiertes Lernen geht davon aus, dass der Mensch nicht auf jede Lebenssituation vorbereitet werden kann in dem Sinne, dass er dafür bereits eine Lösung in der Tasche hat. Das gilt nicht nur für existentielle Grenzerfahrungen des Lebens. Auch in anderen, neuen, bisher unbekannten, lebensalltäglichen Knotenpunkten des Lebens muss er auf die erworbene Fähigkeit zurückgreifen können, die Herausforderungen angemessen zu deuten und sein Handeln souverän zu gestalten. Souverän meint die selbstbewusste Nutzung der Möglichkeiten persönlicher Selbstbestimmtheit unter Beachtung eigener Autonomie und Interdependenz.

2. Kompetenzorientiertes Lernen ist „situiertes" Lernen. Der Bezug zur Lebens- bzw. Berufswelt ist allen am Unterrichtsgeschehen Beteiligten transparent. Das

---

1   In der Landesverfassung NRW Artikel 7 (1) heißt es: „Ehrfurcht vor Gott, Achtung vor der Würde des Menschen und Bereitschaft zum sozialen Handeln zu wecken, ist vornehmstes Ziel der Erziehung".

Arrangement des Unterrichts ermöglicht allen Beteiligten die Einsicht über den lebensweltlichen Bezug, also darüber, was und wozu gelernt wird.

„Was hat das, was ich gerade im Moment lernen soll, mit mir und meinem beruflichen Leben zu tun?" Diese Frage von Lernenden in der beruflichen Bildung ist durchaus berechtigt. Es geht um Einsicht, und zwar im doppelten Sinne: Wer zur Einsicht (i.S.v. besser verstehen, also erkennen und begreifen können) über Lebenszusammenhänge gelangen soll, dem muss die Einsicht (i.S.v. Einblick) in Lebenssituationen gewährt werden, die anschlussfähig an den Alltag sind. Durch die Bearbeitung von situationsbezogenen Problemen und Herausforderungen wird die Kompetenz erworben, Wege zu finden, wie Lebenssituationen hilfreich durchdrungen und bewältigt werden können, so dass an ihnen ein Zuwachs an eigener Entwicklung erkennbar, also etwas Lebensrelevantes erlernt werden kann. Je transparenter diese Zielperspektive ist, desto ertragreicher ist der Kompetenzerwerb. „Transparenz zu schaffen ist ein Grundgebot des Unterrichtens" (Obst, 2010, S. 172).

3. Ausgangspunkt didaktischer Überlegungen sind Handlungssituationen des beruflichen, privaten und/oder gesellschaftlichen Lebensbereichs. Im Religionsunterricht spielen solche Situationen eine Rolle, die eine Deutung aus der Perspektive der Reich-Gottes-Botschaft erforderlich machen und ermöglichen.

Lernprozesse im Religionsunterricht orientieren sich an gesellschaftlichen und persönlichen Handlungssituationen, zu denen tragfähige Lösungen gefunden werden müssen. Die Handlungssituationen des Lebens werden methodisch-didaktisch aufbereitet, so dass im Unterricht zu bearbeitende Anforderungssituationen entstehen, an denen die Lernenden Bewältigungsstrategien und Deutungen entwickeln können. Sie bemerken die (Be)Deutsamkeit der Anforderungssituationen in ihrer Vieldimensionalität und erkennen, dass die drei Lebensbereiche – beruflich, privat, gesellschaftlich – nicht losgelöst nebeneinander stehen. Die Kohärenz der Lebensbereiche einerseits erfordert in einer andererseits zunehmend fragmentierten Erfahrungswelt Orientierung. Die Reich-Gottes-Botschaft, die ja sowohl im Grundlagenplan für den Religionsunterricht an Berufsschulen (Sekretariat der Deutschen Bischofskonferenz, 2002) als auch in der KIBOR-Definition von religiöser Kompetenz Leitgedanke ist, eröffnet eine für die Lernenden mögliche Deutungs- und Sinnperspektive für die Bewältigung von Anforderungssituationen.

4. Handlungssituationen des Lebens werden für den Unterricht didaktisch und methodisch so aufbereitet (Reduzierung der Komplexität, Elementarisierung, Lebensbezug, „Sitz im Leben"), dass sie von den Lernenden zu ihren vergangenen, gegenwärtigen und/oder zukünftigen Erfahrungen in Bezug gesetzt werden können.

Die Komplexitäten und das Tempo der Lebensanforderungen sind so bedrohlich, dass sie zum einen Überforderung und Verlust an Übersicht und zum anderen Lähmung und Verweigerung zur Folge haben können. Junge Menschen heute schauen in eine Zukunft mit steigendem Anforderungsvolumen. Kompetenzorientiertes Lernen muss also einerseits dieser Anspruchsfülle gerecht werden, andererseits muss es in angemessen kleinen, elementaren und bekömmlichen Schritten Bewältigungsstrategien eigenen Handelns entdecken lassen. Erfahrungen sind die Ressourcen des Handelns. Anforderungssituationen sind so auszuwählen und aufzubereiten, dass sie das Reflektieren vergangener Erfahrungen, das sorgsame Verweilen bei gegenwärtigen Erfahrungen und/oder das Antizipieren künftiger Erfahrungen ermöglichen.

5. Kompetenzen werden an Inhalten erworben; Lerninhalte haben im Hinblick auf den Kompetenzerwerb dienende Funktion.

Es wäre jedoch ein Missverständnis anzunehmen, Inhalte seien nebensächlich oder es könnte möglicherweise auf Inhalte gänzlich verzichtet werden. Gelernt wird an Inhalten. Es geht vielmehr darum, die Lerninhalte des Religionsunterrichts so aufzubereiten, dass die stoffliche Fülle reduziert wird, ohne dass sie ihres elementaren Inhalts entleert werden. Grundlegend ist dabei, dass der Inhalt nicht als „Paket" verstanden wird, das an die Lernenden weiterzureichen ist. Durch den Lerninhalt sollen Lernprozesse dergestalt angeregt werden, dass sich neue Wirklichkeitssichten und Deutungsmöglichkeiten eröffnen (Mendl, 2005, S. 189–190). Lerninhalte müssen anschlussfähig an Erfahrungen sein, sie eröffnen erfahrungsbezogene Lernräume, damit sie gemerkt, diskutiert, verstanden, weiter gedacht und in das eigene Leben übersetzt werden können.

6. Anforderungssituationen werden von der Lehrperson so ausgestaltet, dass für die Lernenden transparent ist, welche Rollen (Akteur, Teilnehmer, Selbst-/Fremd-Beobachter) sie aus welchem Grund einnehmen, um die Anforderungssituation angemessen zu bewältigen.

Je nach Rolle gewinnt der/die Beteiligte eine unterschiedliche Perspektive auf die Anforderungssituation. Jede Perspektive hat ihren eigenen Wert zur Analyse und Deutung der Situation mit allen Ambivalenzen der jeweiligen Rolle. Rollenklarheit und Perspektivwechsel ermöglichen Lerneinsichten und Kompetenzzuwachs. Eine verkürzte Merkmalsbeschreibung: Als Akteur habe ich das Heft des Handelns selbst in der Hand, verliere jedoch leicht den Blick für das Gesamte. Als Teilnehmer überlasse ich anderen die Hauptaktivität und bin aber durchaus beteiligt und involviert. Als Beobachter versuche ich – sozusagen von oben – das System einer Herausforderung und deren Bewältigungsmuster ohne unmittelbare Beteiligung wahrzunehmen und zu beurteilen (Reich, 2008, S. 164–181).

7. Anforderungssituationen werden kreativ und dynamisch in Handlung und Gestalt gebracht. Die erlebte Konkretisierung fördert erfahrungsbezogenes Lernen.

„Tun übt", sagt eine alte pädagogische Weisheit. Das, was Lernende in Handlung – sei es gestalterisch oder erlebnisorientiert – umgesetzt, also nicht nur kognitiv durchdrungen haben, eröffnet ihnen weiterführende Lernperspektiven und Kompetenzzuwachs. Durchgenommen heißt noch nicht gelernt! „„Stoff" ist nicht nachhaltig zu vermitteln, wenn Lernende im Lernprozess passiv bleiben" (Eschelmüller, 2008, S. 13)! Ausprobieren, Bewerten und Evaluieren von Handlungsoptionen, Experimentieren von Haltungen und Handlungen, die Anforderungssituationen mit Erleben füllen – wenn auch in unterrichtlicher Laborsituation – lässt Erfahrungen zu und ermöglicht Reflexion und Antizipation.

8. Im Zentrum des Unterrichts stehen die Aneignungsprozesse der Schülerinnen und Schüler. Die Schülerinnen und Schüler werden daher an der Planung der Lernprozesse beteiligt. Sie bringen ihre Fragen und Themen ein, gehen individuelle Lernwege und treffen individuelle Entscheidungen, Haltungen und Werturteile. Ein kompetenzorientierter Religionsunterricht fördert selbstständiges Lernen.

Schülerinnen und Schüler sind Subjekte des Lernens. Lernen ist ein individueller Aneignungsprozess. Gemäß dieses Grundverständnisses gibt es auch zu einem Unterrichtsinhalt nicht von vornherein nur ein oder gar „das" Thema einer Lerngruppe. Ein Lernstoff wird erst zum Thema, wenn er sich mit dem Lern-Ich, also der bzw. dem Lernenden verbindet. Das bedeutet, dass unter ein und demselben Unterrichtsthema viele verschiedene (individuelle) Interessen und Bedeutsamkeiten verborgen sind, die es zu bergen gilt, die transparent gemacht werden können bzw. an denen die Lernenden notwendigerweise planend und gestaltend mit zu beteiligen sind, damit nicht „am Thema vorbei" unterrichtet wird. Das Herausfinden und Präzisieren der individuellen Bedeutsamkeit eines Themas ist für den einzelnen Schüler und die einzelne Schülerin bereits ein entscheidender Schritt zum selbstständigen Lernen.

9. Ressourcen und Begabungen aller am Unterrichtsprozess Beteiligten werden ernst genommen, wertgeschätzt und für das Lernen fruchtbar gemacht.

Schülerinnen und Schüler kommen nicht als „unbeschriebene Blätter" in den Religionsunterricht, selbst wenn ihr Kenntnisstand in Bezug auf die zu bearbeitenden Anforderungen gering ist und ihre Kompetenzen wenig ausgeprägt scheinen. „Sie haben religiös bedeutsame Erfahrungen gemacht, die vielleicht noch rudimentär und bruchstückhaft sind, weil sie nicht bewusst gemacht, reflektiert und aufgearbeitet worden sind" (Obst, 2010, S. 157). Diese Erfahrungen gilt es in unterrichtliche Arbeits-, Denk- und Handlungsprozesse mit einzubeziehen und für das individuelle Lernen nutzbar zu machen. Kompetenzorientiertes Lehren und Lernen versucht, Anschlüsse an bestehende Begabungen zu ermöglichen und sie als Ressourcen dafür zu nutzen, dass der Schüler bzw. die Schülerin für Anforderungssituationen im Rahmen der individuellen Möglichkeiten Handlungsstrategien entwickeln kann.

10. Auch kompetenzorientiertes Lernen ist (an)geleitetes Lernen. Die Persönlichkeit der Lehrerin bzw. des Lehrers ist immer auch Vermittler ihrer Botschaft. Das Selbstverständnis und die Verhaltensweise der Lehrperson sind in unterrichtlichen Lernprozessen maßgeblicher Bestandteil für das Lernen.

Die Lehrperson ist die Leiterin des Unternehmens „Religionsunterricht". Sie hat mehr als nur eine Moderatorenfunktion, sie ist auch Fachexpertin und Inputgeberin. Sie stellt sich selbst mit ihrer Fachkompetenz, mit ihrer (Glaubens)Haltung und mit ihrer ganzen Persönlichkeit dem Lerngeschehen zur Verfügung. Sie kann jedoch die individuellen Lernprozesse nur begrenzt steuern. Als pädagogische Fachkraft ist sie dafür zuständig, selbstständiges Lernen stufenweise anzuleiten und zu ermöglichen. Sie gibt den Lernenden Fokussierungshilfe und muss bereit sein, in den Lernprozessen immer mehr überflüssig zu werden. Die Lehrperson ist ein Modell für die Lernenden, das ihnen die Positionierung im Spannungsfeld zwischen Zustimmung und Widerstand, zwischen Bestätigung und Irritation ermöglicht.[2]

11. Ein kompetenzorientierter Religionsunterricht fördert die Entwicklung persönlicher Standpunkte. Lernen geschieht im persönlichen Suchen, im Kommunizieren, im Überprüfen der Plausibilität und im Selbst-Evaluieren eigener Überzeugungen, Haltungen und Werturteilen.

Das Lernen im Religionsunterricht findet in Lerngruppen, also in sozialen Kontexten statt. Eine typische Schüleräußerung im Religionsunterricht ist: „Das muss doch jeder für sich selbst entscheiden." Das stimmt! Die Lerngruppe kann genutzt werden, um herauszufinden, ob eben diese selbst getroffene Entscheidung der Kommunikation mit den Mitlernenden standhält. Die Diskussion der individuellen Deutung und des persönlichen Verständnisses, der entworfenen Hypothesen und möglichen Lösungen kann dazu beitragen, die eigenen Standpunkte und Deutungen zu überdenken und die gewonnenen Erkenntnisse anders (besser) zu strukturieren (Eschelmüller, 2008, S. 15–16). In diesem Sinne regulieren die Schülerinnen und Schüler durch Austausch ihr Lernen selbst und gegenseitig im Spannungsfeld von Konfrontation und Assimilation.

12. Kompetenzorientiertes Lernen fördert religiöse Sensibilisierung, indem es das Geheimnishafte des Lebens und die vielfältigen Dimensionen eigener Religiosität zu entdecken, wahrzunehmen und zu deuten ermöglicht.

---

2   H. Mendl spricht in diesem Zusammenhang auch von „Perturbation" (2005, S. 89).

Sensibilisierung meint Erlernen von Empfindsamkeit und Verbesserung der (Selbst) Wahrnehmungsfähigkeit. Aufgabe kompetenzorientierten religiösen Lernens ist, Sensibilität für das Geheimnishafte des Lebens zu entwickeln. Um die hintergründige Wirklichkeit des Lebens entdecken zu können, die das vordergründig Sichtbare durchscheinen lässt, bedarf es einer Einübung – sozusagen eines Trainings – für das Verstehen von Symbolsprache. Durch ganzheitliche Zugänge unter Einbeziehung aller Sinne eröffnet der Religionsunterricht den Lernenden Wege der eigenen Positionierung und lässt sie Erfahrung damit machen, wie sie sich eigenen religiösen Fragen öffnen können. Die Lernenden bekommen auf diesem Wege die Chance zu experimentieren, welches ihre eigenen Positionen sind – sei es eine möglicherweise verschüttete religiöse Sehnsucht, eine Gleichgültigkeit oder ein Widerstand – und sich ihnen offen und ehrlich sich selbst gegenüber stellen zu können. Dies schließt die Möglichkeit der Suche nach Wegen persönlicher Spiritualität durchaus mit ein, auch wenn diese im Religionsunterricht nicht eingeübt werden kann und soll.

13. Die Lernprozesse im Religionsunterricht an berufsbildenden Schulen ermöglichen die Entdeckung der Realität Gottes im Leben und erschließen Möglichkeiten des Handelns aus der Perspektive der Reich-Gottes-Botschaft im beruflichen, privaten und gesellschaftlichen Lebensbereich.

Kompetenzorientiertes Lernen zielt auf umfassende Handlungsfähigkeit und -bereitschaft in den verschiedenen Lebensbereichen. Es schärft die Sinne der Lernenden. Es lässt sie Wege des Nachdenkens entdecken und lernen, innezuhalten, genauer hinzuschauen sowie die Zeichen der Zeit zu erkennen und zu reflektieren. Kompetenzorientierter Religionsunterricht bietet den Freiraum, Ehrfurcht vor Gott, Verantwortung gegenüber Mensch und Welt sowie die christliche Hoffnungsbotschaft als Entscheidungskriterien in die persönlichen Handlungsoptionen mit einzubeziehen.

Fazit

Die Qualität eines kompetenzorientierten Lehrens und Lernens an berufsbildenden Schulen besteht also nicht länger darin, was und wie viel durchgenommen wird. Kompetenzorientierter Religionsunterricht wird sich weg orientieren vom Leitgedanken des „Inputs" – und sei es noch so gut religionsdidaktisch verpackt. Die Qualität eines kompetenzorientierten Religionsunterrichts wird sich erweisen an dem entscheidenden Perspektivwechsel hin zum „Outcome" – also darin, welche Dispositionen bei den Lernenden aktiviert und in welchem Maße Bereitschaft, Wille und Fähigkeiten für das persönliche Handeln gefördert worden sind – exemplarisch eingeübt an dem Bearbeiten von Anforderungssituationen. Es geht also am Ende eines Unterrichtsprozesses nicht um die Frage: „Was haben wir durchgenommen und was hast du davon behalten?" Die Frage lautet vielmehr: „Was hast du, was habe ich gelernt für mein privates, berufliches und gesellschaftliches Handeln?"

Ein Graffiti, gefunden am U-Bahnhof Berlin Alexanderplatz, drückt mit Sprach- und Wortwitz treffend das aus, was im Kontext von Sollen, Müssen, Wollen und Dürfen zum Erwerb von „Können", also zum Kompetenzerwerb, notwendig ist:

„Wenn ich nur darf, wenn ich soll,
aber nie kann, wenn ich will,
dann mag ich auch nicht, wenn ich muss.

Wenn ich aber darf, wenn ich will,
dann mag ich auch, wenn ich soll,
und dann kann ich auch, wenn ich muss.

Denn schließlich,
die können sollen,
müssen auch wollen dürfen. "

Literatur

Eschelmüller, M. (2008). *Lerncoaching: Vom Wissensvermittler zum Lernbegleiter. Grundlagen und Praxishilfen.* Mülheim: Verlag an der Ruhr.

Kießling, K. (2004). *Zur eigenen Stimme finden: Religiöses Lernen an berufsbildenden Schulen.* Ostfildern: Schwabenverlag.

Lennon, J. (1980). Textpassage aus dem Song *„Beautiful Boy (Darling Boy)".* Album: Double Fantasy.

Mendl, H. (Hrsg.) (2005). *Konstruktivistische Religionspädagogik: Ein Arbeitsbuch.* (Religionsdidaktik konkret, Bd.1). Münster: Lit.

Obst, G. (2010). *Kompetenzorientiertes Lehren und Lernen im Religionsunterricht.* Göttingen: Vandenhoeck & Ruprecht.

Reich, K. (2008). *Konstruktivistische Didaktik: Lehr- und Studienbuch mit Methodenpool* (4. Auflage). Weinheim: Beltz.

Sekretariat der Deutschen Bischofskonferenz (Hrsg.) (2002). *Grundlagenplan für den Katholischen Religionsunterricht an Berufsschulen.* München: Deutscher-Katecheten-Verein.

Aggi Kemmler

Bedeutung und Ausgestaltung von Anforderungssituationen im Religionsunterricht an berufsbildenden Schulen[1]

Kompetenzorientierung ist mittlerweile in den meisten Lehrplänen der Bildungsgänge der berufsbildenden Schulen für den Religionsunterricht obligatorisch. Der Religionslehrer oder die Religionslehrerin ist damit vor die Herausforderung gestellt, Unterricht so zu gestalten, dass auf Seiten der Lernenden nachhaltiger Kompetenzaufbau möglich wird. In den letzten Jahren wurden einige Konzepte entwickelt. Die Bezeichnung der Lehr-/Lernarrangements, die nachhaltigen Kompetenzaufbau ermöglichen sollen, ist in Veröffentlichungen und Bildungsplänen „uneinheitlich, man spricht von Anforderungssituationen, Lernaufgaben, Lernsituationen oder Lernanlässen. Übereinstimmung besteht weitgehend über die Funktionen solcher Einstiege im Unterricht: Sie dienen dem Kompetenzerwerb und sollen Schüler/innen

- anregen, selbständig, eigenverantwortlich oder selbstorganisiert zu lernen,
- ermöglichen, neues Wissen und Können zu erwerben und nicht einfach bekannte Verfahren abzuarbeiten,
- ermöglichen, sich lebendiges Wissen anzueignen,
- vor Herausforderungen stellen,
- vollständige, zielbezogene Handlungen abverlangen" (Herget, 2013, S. 120).

Im Folgenden wird ein Konzept vorgestellt, dessen zentraler Bestandteil es ist, den Unterricht mit Anforderungssituationen zu gestalten. Hier sind mit Anforderungssituationen didaktisch aufbereitete, herausfordernde Handlungssituationen gemeint, die dem Menschen in den drei Lebensbereichen – dem beruflichen, dem privaten und dem gesellschaftlichen – begegnen und für die im Religionsunterricht Deutungs-, Entscheidungs- und Handlungswege bereitgestellt, erarbeitet, reflektiert und eingeübt werden können (Obst, 2008, S. 146).[2]

In diesem Konzept wird der Begriff Lernsituation vermieden, da er im Kontext des für die Fachklassen der dualen Berufsausbildung entwickelten Lernfeldkonzepts verwendet wird. Handlungssituationen im Lernfeldkonzept beziehen sich ausschließlich auf beruflich zu bewältigende Aufgaben und Lernsituationen bezeichnen didaktisch

---

1 Es handelt sich hier um einen überarbeiteten Artikel aus *religionsunterricht an berufsbildenden schulen (rabs)* 3/2010.

2 Obst verwendet den Begriff allerdings etwas anders. Sie bezeichnet mit Anforderungssituationen Herausforderungen, die das Leben stellt und aus denen im Prozess der didaktischen Aufbereitung Lernarrangements, Lernanlässe und Lernsituationen gewonnen werden. Wieder anders wird der Begriff in den neuen Bildungsplänen des Landes Nordrhein-Westfalen verwendet. Siehe dazu Kapitel 3.1, Was sind Anforderungssituationen?

aufbereitete, berufliche Handlungssituationen. Dies würde für den Religionsunterricht eine unzulässige Engführung und Funktionalisierung bedeuten.

Anforderungssituationen erscheinen deshalb besonders geeignet, auf Seiten der Lernenden nachhaltigen Kompetenzaufbau zu ermöglichen, weil Unterricht nicht von zu vermittelnden Inhalten oder Lernzielen her gedacht und konzipiert wird, sondern konsequent von zu bewältigenden Herausforderungen des Lebens in den drei Lebensbereichen Privatleben, Beruf, Gesellschaft (Obst, 2008, S. 148).

Im Religionsunterricht an berufsbildenden Schulen geht es aber nicht nur um den Erwerb von Kompetenzen für die Bewältigung gegenwärtiger und zukünftiger Handlungssituationen, sondern auch und gerade um rückwärtsblickende Deutung und Beurteilung vergangener privater oder gesellschaftlicher, evtl. auch bereits beruflicher Ereignisse, Schicksale und Widerfahrnisse, um die Beantwortung existentieller Fragen sowie um die Wahrnehmung und Deutung von Zeugnissen der christlichen Tradition, auch im interreligiösen Dialog. Lebenssituationen werden oft und gerade erst im Nachhinein bewältigt, indem sie mit Deutungen, Be-Deutungen, Um-Deutungen und Sinn versehen werden. Für den Religionsunterricht in den Bildungsgängen der berufsbildenden Schulen werden folgende Typen von Anforderungssituationen vorgeschlagen, wobei diese Zuordnung rein heuristisch ist, vorläufigen Charakter hat, in der Praxis erprobt werden soll und keinesfalls Anspruch auf Vollständigkeit oder Endgültigkeit erhebt.

Die einzelnen Typen unterscheiden sich voneinander in der Art und Weise der persönlichen Beteiligung und Gestaltungsmöglichkeit, in Bezug auf die abgebildete Herausforderung des Lebens sowie die schwerpunktmäßig angebahnten Dimensionen religiöser Kompetenz. Je Typ werden ein oder zwei Dimensionen religiöser Kompetenz besonders gefördert, wobei die Verständigungskompetenz je nach Ausgestaltung der Anforderungssituation bei allen Typen von Anforderungssituationen erworben werden kann.

Typen von Anforderungssituationen[3]

- *Probleme auf der Verstehensebene*, die geklärt, beantwortet und beurteilt werden müssen, z.B.: Wieso reagieren viele Muslime so empört auf die Darstellung Mohameds in den Karikaturen (Karikaturenstreit)? Warum sind die Kirchen voll mit bildlichen Gottesdarstellungen, obwohl es ein biblisch begründetes Bilderverbot gibt? In diesen Anforderungssituationen wird vorwiegend Wahrnehmungs- und Deutungskompetenz, in den aufgeführten Beispielen auch die Verständigungskompetenz gefördert.

---

3   Die Typen von Anforderungssituationen sind entwickelt in Anlehnung an Obst (2008). Die Autorin verwendet hierfür den Begriff „Lernaufgaben". Dieser Begriff ist jedoch im Kontext der beruflichen Bildung bereits belegt. Mit Lernaufgaben wurden in der beruflichen Bildung die Bearbeitungen von Praxisaufgaben in der Schule bezeichnet, bevor das Lernfeldkonzept Fuß fasste.

- *Existentielle Grundfragen,* mit denen Menschen sich auseinandersetzen, z.B.: Arbeitslos – Warum gerade ich? Wie kann Gott das Leid auf der Welt zulassen? Die Frage nach dem Sinn des Lebens. Gibt es ein Leben nach dem Tod? In diesen Anforderungssituationen wird vorwiegend Wahrnehmungs- und Deutungskompetenz gefördert.
- *Werturteile, die gefunden werden müssen,* z.B.: Beurteilung der embryonalen Stammzellenforschung vor dem Hintergrund der Frage nach dem Beginn des menschlichen Lebens; Worin liegt der Sinn der Arbeit – Geld verdienen, sich selbst verwirklichen, Welt gestalten? Elektroautos – ein Beitrag zur Bewahrung der Schöpfung? Bundeswehreinsatz in Afghanistan – nach christlichen Maßstäben zu rechtfertigen? In diesen Anforderungssituationen wird vorwiegend die Entscheidungs- und Urteilskompetenz gefördert.
- *Persönliche, gesellschaftliche und berufliche Entscheidungen,* die getroffen werden müssen, z.B.: Sollen die Geschäfte in den Innenstädten an den vier Adventsonntagen geöffnet sein? Möchte ich einen Organspendeausweis bei mir tragen? Bin ich bereit, Kirchensteuern zu bezahlen? In solchen Anforderungssituationen wird vorwiegend die Urteils- und Entscheidungskompetenz, in dem ersten Beispiel auch die Verständigungskompetenz gefördert.
- *komplexe Aufgaben aus allen drei Lebensbereichen, die zu bewältigen sind,* z.B.: Mit Kindern einen Ernte-Dank-Gottesdienst gestalten, in einer Einrichtung mit Jugendlichen über den Unfalltod eines Mitbewohners sprechen, die Homepage für eine Kirchengemeinde gestalten. In Anforderungssituationen dieses Typs wird vorwiegend die Gestaltungskompetenz gefördert.

Die Lernenden können die Anforderungssituationen jeweils aus unterschiedlichen Perspektiven bewältigen. Je nach Anforderungstyp und je nach Situation sind die eigenen Gestaltungs- und Einflussmöglichkeiten größer oder geringer. Die Lernenden nehmen im Unterricht zur Bewältigung der gestalteten Anforderungssituationen je nach Perspektive und entsprechend ihrer Gestaltungs- und Einflussmöglichkeiten unterschiedliche didaktische Rollen ein (Reich, 2006, S. 164–177). So ist z.B. der Einzelne, der vor der Aufgabe steht, eine Homepage für seine Kirchengemeinde zu gestalten, selbst maßgeblich an der Erstellung des Produkts beteiligt. Er nimmt die Rolle eines Akteurs ein. Gefordert ist er dabei vor allem in seiner Gestaltungskompetenz.

Derjenige jedoch, der über den Bundeswehreinsatz in Afghanistan ein Werturteil fällt, kann die Situation selbst nicht unmittelbar beeinflussen, allerdings mittelbar schon durch politische Willensbekundung. Er ist eher aus der Perspektive eines Teilnehmers mit dem Problem befasst. In diesem Fall ist der oder die Lernende vor allem in seiner Entscheidungs- und Urteilskompetenz gefordert.

Wenn es um existentielle Fragen geht, die einer erklärenden oder deutenden Antwort bedürfen, oder um Probleme auf der Verstehensebene, so nimmt der Einzelne eher die Perspektive des Beobachters ein. Bei biografischen Selbstreflexionen zur Entwicklung des eigenen Gottesbildes ist dies z.B. die Perspektive der Selbstbeobachtung; bei der Auseinandersetzung mit der Bedeutung des Bilderverbots für Muslime die der Fremdbeobachtung. Im Mittelpunkt stehen bei solchen Anforderungssituationen die Förderung der Wahrnehmungs- und Deutungskompetenz sowie die Verständigungskompetenz.

Diese unterschiedlichen Perspektiven – Beobachter, Teilnehmer, Akteur – gilt es bei der Gestaltung von Anforderungssituationen für den Religionsunterricht als didaktische Rollen fruchtbar zumachen, zum einen, indem ein Bewusstsein für diese Rollen geweckt wird und zum anderen, indem die Lernenden die jeweiligen Rollen bewusst einnehmen, reflektieren und gestalten. Der Lehrer oder die Lehrerin steht dabei vor der Aufgabe, Anforderungssituationen so zu gestalten, dass für die Lernenden transparent ist, welche der Rollen sie aus welchem Grund einnehmen, um die Situation angemessen zu bewältigen.[4]

Die Chance der Gestaltung des Religionsunterrichts basierend auf Anforderungssituationen liegt darin, dass der lebensweltliche Bezug dessen, was und wozu im Religionsunterricht gelernt wird, unmittelbar einsichtig ist – und dies steigert bekanntlich die Lernmotivation.

Welche Merkmale weisen nun gute Anforderungssituationen, die einen nachhaltigen Kompetenzaufbau ermöglichen, auf?

• Sie stellen didaktisch fruchtbar gemachte *Herausforderungen aus dem privaten, beruflichen und gesellschaftlichen Lebensbereich* dar. Mit diesen drei Lebensbereichen hat es der Religionsunterricht zu tun. Damit ist er einerseits vor einer einseitigen Funktionalisierung von Bildung im Hinblick auf rein berufliche Verwertbarkeit geschützt, andererseits erhält er dadurch, dass er auch die zukünftige oder gegenwärtige berufliche Wirklichkeit der Lernenden in den Blick nimmt, sein ihm eigenes Profil als Religionsunterricht an berufsbildenden Schulen. Ein Religionsunterricht, der die Lernenden in die Situation versetzt, Anforderungssituationen aus allen drei Lebensbereichen zu bewältigen, trägt so im Laufe eines Bildungsgangs zum Erwerb umfassender Handlungskompetenz bei, die in den Lehrplänen und Prüfungsordnungen gefordert wird.[5] Guten Anforderungssituationen wird man ihren „Sitz im Leben" immer ansehen. Sie wirken dabei so authentisch wie möglich. Die besten Anforderungssituationen schreibt das Leben selbst. Ein Beispiel: In der „Frankfurter Allgemeinen Zeitung" wurde über die Druckerei berichtet, die von Salafisten den Auftrag zum Druck von Koranausgaben erhalten hatte, die in mehren deutschen Städten verteilt werden (FAZ, 12.04.2012; SZ, 12.04.2012). Nach massiven Reaktionen aus der Öffentlichkeit stand für die Druckerei die Entscheidung über einen eventuellen Produktionsstopp an. Der Religionsunterricht vertäte eine Chance, würde man im Unterricht, z.B. in einer Klasse

---

4 Siehe Beispiele im Kapitel „Unterrichtskonzepte – kompetenzorientiert".

5 So z.B. in: Allgemeine Prüfungsordnung Berufskolleg (APO-BK) des Landes Nordrhein-Westfalen i.d.F. vom 1.7.2011, I.1.§1(1): „Das Berufskolleg vermittelt den Schülerinnen und Schülern eine umfassende berufliche, gesellschaftliche und personale Handlungskompetenz und bereitet sie auf ein lebensbegleitendes Lernen vor. Es qualifiziert die Schülerinnen und Schüler, an zunehmend international geprägten Entwicklungen in Wirtschaft und Gesellschaft teilzunehmen und diese aktiv mitzugestalten."

von Auszubildenden im Beruf der Mediengestalter/innen, lediglich über diesen Fall diskutieren. Die Lernenden würden dann rein aus der Beobachterperspektive heraus argumentieren und urteilen. Dieser Fall bietet sich an, eine Anforderungssituation zu entwickeln, bei der die Lernenden bei der Urteils- und Entscheidungsfindung z.B. als Mitarbeiter/innen in einem Betrieb aus der Teilnehmerrolle heraus die vielfältigen Perspektiven und Motive berücksichtigen müssen. Eine weitere Möglichkeit wäre, die Lernenden mit der Anforderungssituation zu konfrontieren, dass sie von einem Kollegen oder einem Bekannten einen Koran geschenkt bekommen. Die Lernenden sind dann je nach Gestaltung der Anforderungssituation herausgefordert, einen für sie angemessen Umgang damit zu finden, der z.B. darin liegen könnte, einen Weg zu finden, religiöse Gefühle möglichst nicht zu verletzen durch einen sachgemäßen Umgang mit dem Buch, sich aber ggf. auch abgrenzen zu können und die Beziehung zu dem Bekannten oder Kollegen dabei möglichst nicht zu gefährden.

- Anforderungssituationen *fordern zum Handeln heraus.* Sie sind so zu gestalten, dass ein Handlungsbedarf entsteht und damit ein Bedürfnis zur Bewältigung der Situation. Eine Handlung stellt dabei nicht nur, wie im oben genannten Beispiel, die Erstellung eines Produkts oder einer Dienstleistung für einen Betrieb gemäß einem Auftrag dar, sondern z.B. auch ein begründetes Urteil in einer Entscheidungssituation oder eine komplexe Deutung als Ergebnis eines Verstehensprozesses (s.u., Typen von Anforderungssituationen). Ihren zum Handeln herausfordernden Charakter erhalten die Anforderungssituationen zum einen durch ihren hohen Grad an Authentizität, der die Motivation schafft, sich mit ihnen auseinander zu setzen. Zum anderen entstehen Handlungsbedarf und Problemlösungswille durch das Schaffen einer kognitiven Dissonanz, „also das Erkennen von Widersprüchen oder Gegensätzen in einer Situation" (Herget, 2013, S. 126).
- Die Anforderungssituationen sind gegebenenfalls je nach Lernstand der Lerngruppe in ihrer Komplexität gegenüber den realen Herausforderungen des Lebens reduziert, allerdings weisen sie immer noch einen *hohen Komplexitätsgrad* auf. Dieser zeichnet sich dadurch aus, dass in der Anforderungssituation *verschiedene Perspektiven* zum Tragen kommen, die jeweils ihre eigenen Handlungsmotive und -ziele mit sich führen. In dem oben genannten Beispiel wären die unterschiedlichen Perspektiven die des Entscheidungsträgers in der Druckerei, der für den wirtschaftlichen Erfolg des Unternehmens verantwortlich gemacht wird, aber auch eigene moralische Grundsätze hat sowie die rechtlichen Rahmenbedingungen beachten muss; die der Mitarbeiter/innen, die je nach eigener Werthaltung eventuell aufgefordert sind, etwas zu tun, das ihren eigenen moralischen Grundsätzen widerspricht und einen Umgang damit finden müssen; eventuell die Perspektive der Auszubildenden, die als schwächstes Entscheidungsglied in der Kette ihre Spielräume und Beteiligungsmöglichkeiten ausloten und sich über ihre eigene Werthaltung klar werden müssen. Als indirekter Akteur kommt z.B. noch der Staat in Frage, dem einerseits daran gelegen ist, das verfassungsmäßig garantierte Recht

auf freie Religionsausübung zu schützen und andererseits Extremismus als staats-
bedrohend zu bekämpfen.

- Der hohe Komplexitätsgrad kommt auch darin zum Ausdruck, dass zur Bewältigung einer Anforderungssituation eine einfache, lineare Lösung nicht ausreicht
und es die eine richtige Lösung in der Regel nicht gibt, mehrere Bewältigungen
sind denkbar, *verschiedene Wege zur Bewältigung* machen Sinn. Der Fokus liegt
auf der *Erarbeitung von Strategien,* die auch bei Bewältigung anderer Situationen
helfen können.
- Da Anforderungssituationen aufgrund ihrer Komplexität in der Regel eine ganze
Unterrichtsreihe tragen und viel Unterrichtszeit beanspruchen, sind sie so zu gestalten, dass sie *exemplarischen Charakter* haben und in ihrer Bewältigung Dispositionen und Kompetenzen erworben bzw. erweitert werden, die den Lernenden
auch zur Bewältigung anderer Situationen zur Verfügung stehen.
- Als Anforderungssituationen für den Religionsunterricht eignen sich nur solche
Situationen, zu deren Bewältigung *die fachspezifische Domäne von Theologie,
Kirche, Bibel, Christentum, Religion(en)* zum Tragen kommt. Anforderungssituationen, die fachübergreifend bewältigt werden, wobei jedes Unterrichtsfach do-
mänenspezifische Kompetenzen und Dispositionen zur Bewältigung der Situation
beiträgt, sind sehr sinnvoll.

Literatur

Frankfurter Allgemeine Zeitung (12.04.2012) (FAZ.NET). *Druckerei prüft Auftragsabbruch
für Koran-Druck von Salafisten.* www.faz-archiv.de [05.11.2013].
Herget, F. (2013). Kompetenzorientiert lernen durch Lernaufgaben. In A. Biesinger, M. Gro-
nover, M. Meyer-Blanck, A. Obermann, J. Ruopp & F. Schweitzer (Hrsg.), *Gott – Bildung
– Arbeit: Zukunft des Berufsschulreligionsunterrichts* (S. 119–130). Münster: Waxmann.
Obst, G. (2008). *Kompetenzorientiertes Lehren und Lernen im Religionsunterricht.* Göttingen:
Vandenhoeck & Ruprecht.
Reich, K. (2006). *Konstruktivistische Didaktik: Lehr- und Studienbuch mit Methodenpool* (3.
Auflage). Weinheim: Beltz.
Süddeutsche Zeitung (12.04.2012). *Druckerei prüft Produktions-Stopp von Koranen.* http://
sz.de/1.1330538 [05.11.2013].

Anforderungssituationen Übersicht

Typ der Anforderungssituation	Beispiele	primär eingenommene Perspektive (nach K. Reich)	Schwerpunktmäßig geförderte Kompetenz (KIBOR)
Probleme auf der Verstehensebene	Wieso reagieren Muslime so empört auf die Darstellung Mohameds in den Karikaturen?	Fremdbeobachter/in	Wahrnehmungs- und Deutungskompetenz; Verständigungskompetenz
	Warum sind die Kirchen voll mit bildlichen Gottesdarstellungen, obwohl es ein biblisch begründetes Bilderverbot gibt?	Fremdbeobachter/in Teilnehmer/in	Wahrnehmungs- und Deutungskompetenz; Verständigungskompetenz
Existenzielle Grundfragen	Arbeitslos – Warum gerade ich?	Selbstbeobachter/in	Wahrnehmungs- und Deutungskompetenz
	Wie kann Gott das Leid auf der Welt zulassen?	Selbst- und Fremdbeobachter/in	
Werturteile	Elektroautos – ein Beitrag zur Bewahrung der Schöpfung?	Teilnehmer/in	Urteils- und Entscheidungskompetenz
	Bundeswehreinsatz in Afghanistan – nach christlichen Maßstäben zu rechtfertigen?	Teilnehmer/in	Urteils- und Entscheidungskompetenz
Persönliche, gesellschaftliche und berufliche Entscheidungen	Sollen die Geschäfte in den Innenstädten an den vier Adventsonntagen geöffnet sein?	Teilnehmer/in	Urteils- und Entscheidungskompetenz; Verständigungskompetenz
	Möchte ich einen Organspendeausweis bei mir tragen?	Teilnehmer/in Akteur/in	Entscheidungskompetenz Gestaltungskompetenz
Komplexe Aufgaben aus allen drei Lebensbereichen	Mit Kindern einen Ernte-Dank-Gottesdienst gestalten	Akteur/in	Gestaltungskompetenz
	Mit Jugendlichen über den Tod eines Mitbewohners sprechen	Akteur/in	Gestaltungskompetenz

Aggi Kemmler

Planungselemente für einen kompetenzorientierten Religionsunterricht

Angesichts des Postulats eines Religionsunterrichts, der Kompetenzen von Schülerinnen und Schülern fördert, stellt sich die Frage, inwiefern sich Planungselemente und Planungswege für einen kompetenzorientierten Religionsunterricht unterscheiden von der Planung beispielsweise eines lernzielorientierten Religionsunterrichts. Die Antwort: Es gibt von der Vorgehensweise her wahrscheinlich keine wesentlichen Unterschiede. Ein Lehrer oder eine Lehrerin wird unabhängig davon, ob er oder sie lernzielorientiert oder kompetenzorientiert vorgeht, vor jeder Unterrichtseinheit mehr oder weniger bewusst und mehr oder weniger explizit folgende Fragen klären:

- *Unter welchen Bedingungen* wird gelernt?
- *Wozu* soll gelernt werden? Klärung von Gegenwarts- und Zukunftsbedeutung
- *Was* soll gelernt werden? Klärung der Sachstruktur
- *Wie* soll gelernt werden? Auseinandersetzung mit der Zugänglichkeit des Lerngegenstands (Ott, 2007, S. 92–93, 99).

Allerdings findet gegenüber dem lernzielorientierten Unterricht eine Akzentverschiebung bezüglich der erkenntnisleitenden Fragen zur Unterrichtsplanung statt.

Bei der Lernzielorientierung geht man bei der Planung stärker von der fachlichen Struktur des Unterrichtsgegenstands aus und fragt sich, wie dieser Inhalt so dargeboten werden kann, dass er adressatengerecht reduziert und für die Lernenden motivierend vermittelt werden kann (Inputorientierung). Bei der kompetenzorientierten Unterrichtsplanung ist Ausgangspunkt der Planung eine zu bewältigende Anforderungssituation, die wiederum aus herausfordernden Lebenssituationen abgeleitet wird. Von erkenntnisleitendem Interesse für die Planung des Unterrichts ist dann die Frage: Was sollen die Lernenden am Ende der Unterrichtsreihe oder -stunde *können*, um die Anforderungssituation zu bewältigen (Outcome-Orientierung)?

Dies bedeutet, dass die zu erwerbenden Dispositionen und Kompetenzen, also die Antworten auf die Frage, *was* gelernt werden soll, aus der Handlungsstruktur abgeleitet werden. Die Planungsfrage lautet demnach nicht: Was müssen die Lernenden alles zu diesem oder jenem Thema wissen? Sondern: Über welche Kenntnisse, Fähigkeiten und Fertigkeiten im fachlichen, methodischen, personalen und sozialen Bereich müssen die Lernenden verfügen, um diese oder jene Anforderungssituation zu bewältigen?

Stärker als bisher üblich werden in einem kompetenzorientierter Religionsunterricht die individuellen Lernvoraussetzungen berücksichtigt (Sitzberger, 2005, S. 85–86).

Das *Wozu* des Lernens, der „Sitz im Leben" der Unterrichtsgegenstände ist durch die Anbindung an Anforderungssituationen allen am Unterrichtsgeschehen Beteiligten präsent.

Aus diesen erkenntnisleitenden Fragen ergeben sich folgende Elemente für eine kompetenzorientierte Unterrichtsplanung:

1. Identifizierung von herausfordernden Lebenssituationen

   Es werden im Austausch mit den Lernenden Handlungssituationen aus den beruflichen, privaten und gesellschaftlichen Lebensbereichen der Lernenden ausgemacht, zu deren Bewältigung im Religionsunterricht Dispositionen und Kompetenzen erworben werden können. Für den Religionsunterricht eignen sich solche Situationen, für deren Bewältigung die Perspektive von Theologie, Bibel, Kirche, Religion(en) einen auch aus Schülersicht notwendigen oder zumindest sinnvollen Beitrag leisten kann.

2. Gestaltung von Anforderungssituationen für den Religionsunterricht

   Ausgehend von den Lebenssituationen werden Anforderungssituationen gestaltet, zu deren Bewältigung im Religionsunterricht Kompetenzen erworben werden können. Die Anforderungssituationen sind so gestaltet, dass sie den Bezug zu der Lebenssituation erkennen lassen. Sie sind in der Komplexität je nach Lerngruppe und Lernstand und je nach zur Verfügung stehendem Zeitkontingent reduziert. Sie sind aber immer noch so komplex, dass sie verschiedene angemessene Bewältigungen ermöglichen und selbständiges Lernen gefördert wird (vgl. die Seiten 35–41 in diesem Band). Anforderungssituationen können auch fächerübergreifend gestaltet werden. Dies bietet sich insbesondere dann an, wenn zur Bewältigung der Situation die theologische Perspektive nicht ausreicht, sondern auch Kompetenzen benötigt werden, die z.B. in den berufsbildendenden Fächern oder schwerpunktmäßig im Fach Politik oder Deutsch/Kommunikation erworben werden (vgl. die Seiten 73–75 in diesem Band).

3. Beschreibung von Dispositionen und Kompetenzen

   Ferner werden Dispositionen und Kompetenzen, d.h. Kenntnisse, Fähigkeiten und Fertigkeiten auf fachlicher, methodischer, personaler und sozialer Ebene beschrieben, die nötig sind, um die Anforderungssituation zu bewältigen und die im Religionsunterricht erworben bzw. weiterentwickelt werden sollen. Bei fächerübergreifendem oder fächerverbindendem Unterricht wird zugeordnet, welche Dispositionen und welche Kompetenzen in welchem Fach schwerpunktmäßig erworben werden können. Diese Zuordnung hat auch Auswirkungen auf die Leistungsbewertung.

4. Lernvoraussetzungen

   Leitend für dieses Planungselement ist die Auseinandersetzung mit der Frage, was die Lernenden im Hinblick auf die Anforderungssituation schon können, über welche Dispositionen und Kompetenzen sie bereits verfügen und mit welchen Lernschwierigkeiten zu rechnen ist. Auch Überlegungen zum bisher beobachteten Lernverhalten sollten eine Rolle spielen. Nur so lässt sich der intendierte Kompetenzzuwachs ausmachen. Es ist dabei davon auszugehen, dass die Lernvoraussetzungen innerhalb der Lerngruppe individuell sehr verschieden sind. Dies ist bei der Planung zu berücksichtigen, zum einen durch eingeplante diagnostische

Maßnahmen, zum anderen durch individuelle Förderkonzepte (Sitzberger, 2005, S. 86–87).

5. Konkrete Ausgestaltung eines Lehr-Lern-Arrangements

    Alle genannten Vorüberlegungen münden in eine konkrete Ausgestaltung eines Lehr-Lern-Arrangements, an dem die Lernenden zunehmend beteiligt werden. Leitend sind bei diesem Planungselement die Fragen nach der Abfolge der Lern-handlungen, den verwendeten Medien und Materialien, nach den Arbeits-, Inter-aktions- und Lernformen.

6. Lernerfolgskontrolle

    Überlegungen zur Lernerfolgskontrolle sollten nicht fehlen und von vornherein mitbedacht und auch den Lernenden gegenüber transparent gemacht werden. Leitend ist hier die Frage, nach welchen Kriterien und in welcher Form der Zuwachs an Dispositionen und Kompetenzen bemessen werden soll (Obst, 2008, S. 137).

Die angeführten Elemente beschreiben keine notwendige Planungsreihenfolge. Es gibt mehrere sinnvolle Möglichkeiten eines Ausgangspunktes der Planung.

Literatur

Obst, G. (2008). *Kompetenzorientiertes Lehren und Lernen im Religionsunterricht.* Göttingen: Vandenhoeck & Ruprecht.

Ott, B. (2007). *Grundlagen des Beruflichen Lernens und Lehrens: Ganzheitliches Lernen in der beruflichen Bildung* (3. überarbeitete und erweiterte Auflage). Berlin: Cornelsen.

Sitzberger, R. (2005). Konstruktivistisch Unterricht planen. In H. Mendl (Hrsg.), *Konstrukti-vistische Religionspädagogik: Ein Arbeitsbuch* (S. 83–103). Münster: Lit.

Planungsübersicht Anforderungssituation Beispiel

Die folgende Übersicht zeigt zwei Varianten für Unterrichtsreihen mit dem Gegen-stand „Innenstadtbeleuchtung in der Adventszeit". Variante A geht aus von einem Zei-tungsartikel. Die Lernenden finden ein Urteil über eine bereits getroffene Entschei-dung. Variante B hat die Bewältigung einer beruflichen Situation zum Gegenstand. Die Lernenden nehmen Einfluss auf die Entscheidung.

Lebenssituation (Lebensbereich)	Anforderungssituation (Anforderungstyp)	Didaktische Rolle	Kompetenzen und Dispositionen	Fächerübergreifende Aspekte	Didaktische/Methodische Hinweise, Materialien
Werbegemeinschaft verzichtet in der Vorweihnachtszeit auf Beleuchtung mit religiösen Symbolen (A: gesellschaftlich; B: beruflich)	A) Soll die Werbegemeinschaft der Stadt bei der Beleuchtung der Innenstädte in der Vorweihnachtszeit auf religiöse Symbole verzichten? (gesellschaftliche Entscheidung) B) Marvin diskutiert in seinem Ausbildungsbetrieb mit seinen Kollegen über die Beleuchtung der Innenstadt in der Vorweihnachtszeit. Der Besitzer des Geschäftes möchte ein Votum der Mitarbeiter/innen für die Versammlung der Werbegemeinschaft. (berufliche Aufgabe)	A: Beobachter B: Akteur	A: Deutungskompetenz, Urteilskompetenz B: Urteilskompetenz, Gestaltungskompetenz • Beurteilen der Symbole: Kerze, Engel, Glocke, Stern hinsichtlich der Frage, ob es sich um religiöse Symbole handelt. • Eigenes Urteil darüber, ob die Beleuchtung in den Innenstädten ein Aufdrängen christlicher Kultur für Andersoder Nichtgläubige darstellt. • ...	GL/Politik: Wie weit geht die Religionsfreiheit? Rechtliche Grundlagen	A: Reihenaufbau problemorientiert (sehen – urteilen – handeln) B: Reihenaufbau: Phasen der vollständigen Handlung Material: Zeitungsausschnitte: Stellungnahme Werbegemeinschaft, Stellungnahme Kirchengemeinde B: Fiktive betriebliche Anforderungssituation
				Lernerfolgskontrolle	
				Unterrichtsbegleitendes Portfolio	

Unterrichtskonzepte – kompetenzorientiert

Aggi Kemmler

„Trauernde trösten"

Kompetenzorientierter Religionsunterricht mit den Phasen der vollständigen Handlung

Im Folgenden wird ein Unterrichtsbeispiel dargestellt, das den Phasen der vollständigen Handlung, wie sie ursprünglich für das Lernfeldkonzept vorgesehen sind, folgt (Ott, 2007, S. 203). Das Lernfeldkonzept ist zwar für die Fachklassen des dualen Systems entwickelt worden, jedoch lässt sich das Prinzip auch auf andere Fächer und andere Bildungsgänge übertragen.

1.   Die Anforderungssituation

Christian hat soeben einen Anruf erhalten. Am Telefon war Frau Dirkes, die Mutter seines besten Freundes Benedikt. Sie hat Christian mitgeteilt, dass Benedikts Freundin Anna gestorben ist. Christian kannte Anna auch gut, sie waren alle in einer Clique.

Anna hat einen Autounfall gehabt. Sie war zur Arbeit gefahren, ein entgegenkommendes Fahrzeug war von der Fahrbahn abgekommen und frontal in ihr Auto gerast. Anna hat mehrere Tage im Koma gelegen, alle hatten gehofft, dass sie wieder aufwachen würde.

Frau Dirkes sagte, dass Benedikt völlig fertig sei und sie sich freuen würde, wenn Christian mal mit ihm sprechen würde. Die Beerdigung sei in drei Tagen.

Mögliche Situationserweiterung:

Annas Vater, Herr Meyring, ruft bei Christian an und bittet ihn, bei der Beerdigung ein Gebet oder einen Psalm vorzutragen. Er könne selber aussuchen, welchen Psalm oder welches Gebet er vortragen wolle.

2.   Die Lernvoraussetzungen

Das Konzept wurde in einer Berufsschulklasse im Bereich Informationstechnik im Unterricht erprobt. Die Schülerinnen und Schüler im ersten Ausbildungsjahr sind zwischen 17 und 28 Jahre alt und kommen aus sehr unterschiedlichen Lebenskontexten: unter ihnen sind Realschulabsolventen, Abiturientinnen, ehemalige Studierende ohne Abschluss, Berufswechsler, Singles, Söhne und Töchter, Väter, Lebensgefährtinnen, Ehepartner und eine allein erziehende Mutter. Das Fach Katholische Religionslehre wird ein Jahr lang alle 14 Tage doppelstündig erteilt. An dem Kurs nehmen ebenfalls evangelische Christen und Konfessionslose teil.

Die Anforderungssituation wurde aufgrund eines aktuellen Ereignisses in der Klasse erstellt. Es wurde jedoch eine Anforderungssituation gestaltet, die nicht genau dem aktuellen Ereignis entspricht, damit den Lernenden Möglichkeiten zur Distanzierung gegeben werden. Die Lernenden äußerten, dass sie sich in Situationen des Umgangs mit Menschen, die gerade jemanden verloren haben, der ihnen am Herzen liegt, unsicher und hilflos fühlten. Für die Behandlung des Themas im Religionsunterricht wünschten sie sich, zu erfahren, wie man sich am besten verhält, um solchen Menschen zu helfen, wie man ihnen begegnen und mit ihnen sprechen kann. Aufgrund des aktuellen Ereignisses lag das Lernbedürfnis der Auszubildenden klar auf der Hand und wurde im Unterrichtsgespräch eruiert. Auf ein eigenes Diagnoseverfahren in Bezug auf den Lerngegenstand wurde deshalb verzichtet.

3. Die Lernhandlungen im Unterricht und erwarteter Kompetenzerwerb bzw. -zuwachs

Lernhandlungen	Angebahnte Kompetenzen
	inhaltliche, methodische, organisatorische Hinweise
Die Anforderungssituation analysieren: • Konfrontation mit der Anforderungssituation, spontane Äußerungen • Analyse der Situation aus der Perspektive der einzelnen beteiligten Personen: Welche Empfindungen und Erwartungen lassen sich vermuten? • Analyse der anstehenden Handlungen: Vor welchen Anforderungen steht der Hauptakteur Christian? Welche Situationen wird er zu bewältigen haben?	Angebahnte Kompetenzen: • eine Situation, in der Leid erfahren wird, aus der Perspektive verschiedener betroffener Personen wahrnehmen • sensibel für eigene und fremde Leiderfahrungen werden • verschiedene Möglichkeiten der Reaktion auf eine Todesnachricht identifizieren Mögliche methodische Zugänge, Sozial- und Aktionsformen: • Redekette • Kartenabfrage

Die besondere Herausforderung für den Religionslehrer oder die Religionslehrerin in dieser Phase ist, die christliche Perspektive im Blick zu haben, denn diese ist heutigen Schülern häufig aus dem Blick geraten bzw. manchmal noch nicht in ihrem Blickfeld vorhanden. Die Aufgabe des Lehrers bzw. der Lehrerin besteht darin, den Schülern und Schülerinnen Angebote zu machen, damit die Kompetenz, „biblische und christliche Lebenszeugnisse über den Umgang mit Leid und Tod zu verstehen und auf die eigene Lebenssituation zu beziehen" (Birk, von Erdmann, Jakobi & Weiler, 2002, S. 31), nicht zu kurz kommt. Anforderungssituationen sollten daher so geschrieben sein, dass sie korrelatives Potential in sich tragen. Das ist oft schwierig, soll die Perspektive von Theologie und Kirche nicht aufgesetzt wirken. Bei der vorliegenden Anforderungssituation kann es passieren, dass die Schülerinnen und Schüler auf einer rein psychologischen Ebene bleiben. Spätestens bei der Auswahl von Sprüchen und der Auseinandersetzung mit Symbolen wird jedoch die christliche Perspektive eine Rolle spielen. Dies lässt sich durch die Materialauswahl steuern. Die Schüler entscheiden selbst, ob sie bei ihren Handlungsprodukten christliche Symbole verwenden. Aber sie setzen sich auf jeden Fall reflektierend mit ihnen auseinander. Denkbar ist auch, die Situation zu erweitern, um eine explizit christliche Perspektive einzubringen.

Das weitere Vorgehen hängt davon ab, welche Handlungsoptionen die Schülerinnen und Schüler identifiziert haben. Bei der Planung der Lernhandlungen wird von folgenden Anforderungen an Christian ausgegangen:

- Ausdrucksformen für die eigene Trauer finden
- Benedikt ein Gesprächsangebot machen
- mit Benedikt ein Gespräch führen
- eine Todesanzeige von Freunden für die Zeitung formulieren
- eine Beileidskarte für Benedikt und für die Eltern von Anna verfassen
- einen Psalm oder ein Gebet für die Beerdigung aussuchen.

Elemente und Schritte zur Bewältigung der Situation planen:	Angebahnte Kompetenzen:
• Welche Kenntnisse, Methoden, Medien etc. sind zur Bewältigung der Situation notwendig? • Welche Arbeitsschritte sind hierfür in welcher Reihenfolge und in welchem Zeitumfang durchzuführen? • Was sind unsere Handlungsprodukte? • Was sind unsere Kriterien zur Zielerreichung/ Leistungsbewertung?	• die eigenen Unsicherheiten und den nötigen Lernbedarf im Umgang mit Trauernden identifizieren und den Lernweg planen Handlungsziele: • Handlungsprodukte festlegen, z.B. im Netz einen Ort zum Ausdruck der eigenen Trauer finden; Rollenspiel: ein Anruf bei Benedikt, ein Brief an Benedikt, eine Todesanzeige, zwei Beileidskarten, einen Spruch für den Kranz verfassen, Liste mit Merkmalen eines wohltuenden Trauergesprächs ... • Informationsbedarf definieren: z.B. Reaktionsweisen von Trauernden, angemessener Umgang mit Trauernden, Symbole auf Beileidskarten, Sprüche für Traueranzeigen

	• unterrichtliche Vorgehensweise planen, z.B. Textarbeit zu den Trauerreaktionen und -verhaltensweisen, Fallbeispiele analysieren im Hinblick auf Reaktionsweisen, Fallbeispiele analysieren im Hinblick auf hilfreiche und nicht hilfreiche Äußerungen in Trauergesprächen, ein Rollenspiel entwerfen, Traueranzeigen analysieren im Hinblick auf „tröstende Worte", Psalmen und Gebete lesen und aussuchen, evtl. selber verfassen usw.
	• Grundlagen und Kriterien der Leistungsbewertung festlegen, z.B. schriftliche Übung zu den Trauerreaktionen, Kriterien für ein gutes Rollenspiel festlegen, christliche Hoffnungsbilder beschreiben können, Mitarbeit im Unterrichtsgespräch, Beiträge in Gruppenarbeitsphasen

Die Kursteilnehmer und die Lehrkraft planen die unterrichtliche Vorgehensweise gemeinsam. Nicht alle möglichen „Handlungsprodukte" lassen sich unterrichtlich umsetzen, die Klasse wählt aus. Je nach Lerngruppe lassen sich die Schülerinnen und Schüler auf mehr oder weniger persönliche und kreative Produkte und Lernformen ein. Denkbar ist auch ein arbeitsteiliges Vorgehen. In dem vorliegenden Beispiel einigt sich die Lerngruppe auf zwei Produkte: Ein Telefonanruf bei Benedikt im Rollenspiel und eine Todesanzeige mit Spruch.

Die geplanten Arbeitsschritte durchführen:	Angebahnte Kompetenzen:
• Information/Erarbeitung/Beschaffung der benötigten Kenntnisse, Methoden, Medien, Verwendung der neu erworbenen Kenntnisse, Fähigkeiten und Fertigkeiten für die Erarbeitung einer Strategie zur Bewältigung der Situation	• biblische und christliche Lebenszeugnisse über den Umgang mit Tod und Trauer verstehen und auf die eigene Lebenssituation beziehen • Konzepte für den Umgang mit Trauernden erschließen und anwenden • aus der christlichen Hoffnungsbotschaft Mut für eigenes Handeln schöpfen Mögliche methodische Zugänge, Sozial- und Aktionsformen: • Textarbeit zu den Trauerreaktionen und -verhaltensweisen in Einzelarbeit, Übung: Identifizieren von Traueremotionen und -verhaltensweisen in Fallbeispielen in Partnerarbeit, Kopfstandmethode zu Merkmalen eines Trauergesprächs, Erstellen einer Liste mit Merkmalen eines hilfreichen Trauergesprächs, Entwickeln von Rollenspielen in Partnerarbeit, Gestalten einer Todesanzeige in Gruppenarbeit

Erarbeitete Lösungen präsentieren, bewerten, eventuell Alternativen entwickeln:	Angebahnte Kompetenz:
• Präsentation und Bewertung des Arbeitsprozesses und der Lösungsvorschläge	• verschiedene Möglichkeiten des Umgangs mit Tod und Trauer und deren Deutung reflektieren
	Mögliche methodische Zugänge, Sozial- und Aktionsformen:
	• Die Kursteilnehmer bereiten „Stationen" mit selbstgestalteten Materialien vor. Alle begeben sich gemeinsam von Station zu Station, die jeweiligen Gestalter der Station präsentieren (Museumsgang); die Gestalter bekommen ein Feedback. Evtl. werden Anregungen aufgenommen und Änderungen vorgenommen.
	• Eine kriteriengeleitete Selbst- und Fremdbewertung der Produkte wird vorgenommen.

Als Alternative sind auch Zwischenpräsentationen sinnvoll. Dann werden die einzelnen Produkte Rollenspiel und Todesanzeige nacheinander und nicht gesammelt am Schluss vorgestellt. Das Thema „Leistungsbewertung" ist gerade bei einem solch persönlichen Thema besonders prekär. Umso wichtiger ist es, den Schülerinnen und Schülern immer wieder Distanzierungsmöglichkeiten zu geben. Zum einen ist dies durch die Situation gegeben, die in der dritten Person verfasst ist. Dies lässt den Schülern den Freiraum, über „andere" zu sprechen und so viel von sich einzubringen, wie sie selber möchten. Zum anderen ist für eine transparente Leistungsbewertung zu sorgen, indem die Grundlagen und Kriterien für die Bewertung im Vorfeld festgelegt werden.

In anderen Anforderungssituationen würde sich an die Präsentation das Erarbeiten einer gemeinsamen Lösung anschließen. Das macht aber in diesem Fall wahrscheinlich wenig Sinn.

Die Phasen der Anforderungssituation reflektieren:	Angebahnte Kompetenz:
• Vorgehensweise und Arbeitsschritte in den einzelnen Phasen	• um die Grenzen der Machbarkeit wissen und sie aushalten
• Kritische Überprüfung der Anforderungssituation (Lebensbezug, Realitätsnähe, Aufgabenstellungen etc.)	Mögliche methodische Zugänge, Sozial- und Aktionsformen:
	• Bilanz ziehen unter der Fragestellung: Welche unterrichtlichen Schritte haben sich bewährt? Welche haben sich nicht bewährt? Was würden wir beim nächsten Mal anders machen?, evtl. mit Kartenabfrage

Arbeitsergebnisse sichern und in neuen Zusammenhängen anwenden:	Die erworbenen Kompetenzen lassen sich in dieser Unterrichtsreihe nicht „üben" – das wäre wohl sehr makaber. Stattdessen wäre es sehr sinnvoll, wenn die Kursteilnehmer und Kursteilnehmerinnen sich ihres persönlichen Ertrags in der Auseinandersetzung mit der Anforderungssituation bewusst werden und ihnen Raum gegeben wird, sich darüber zu äußern. Die Ebene der dritten Person „Christian und Benedikt" wird verlassen und die Kursteilnehmer sprechen explizit über sich selbst. Wahrscheinlich gibt es auch in den vorherigen Handlungsphasen schon Situationen, in denen die Schülerinnen und Schüler aus der Anforderungssituation „springen" und über ihre eigenen Erfahrungen sprechen. Dies ist natürlich zuzulassen. Der Lehrer/die Lehrerin als Moderator/in ist jedoch dafür verantwortlich, die jeweiligen Ebenen transparent zu machen und immer wieder zur Anforderungssituation zurückzuführen. Fachliche Kenntnisse, die sich sichern lassen, um zum Aufbau systematischen Wissens beizutragen, wären: Die Trauerphasen nach V. Kast, christliche Hoffnungsbilder, christliche Trauersymbole, das Gebet als Ausdruck der Klage vor Gott.

4.   Material zum Thema

Umfangreiches Material zum Thema bietet das Lehrwerk:
Biesinger, A., Jakobi, J., Kießling, K. & Schmidt (2005). *Sinn voll Sinn (Band 1): Leid, Tod, Auferweckung. Zwischen Verzweiflung und christlicher Hoffnung.* München: Kösel. (besonders die zum Lehrwerk gehörende DVD)
Student, J.-C. (Hrsg.) (2006). *Sterben, Tod und Trauer: Handbuch für Begleitende* (2. Auflage). Freiburg: Herder.

Zu den Traueremotionen und -verhaltensweisen:
Smeding, R., Heitkönig-Wilp, M. (Hrsg.) (2005). *Trauer erschließen: eine Tafel der Gezeiten.* Wuppertal: Der Hospiz Verlag. http://de.wikipedia.org/wiki/Trauer [20.01.2013].

Zum Umgang mit Trauernden:
Jülicher, J. (2011). *Es wird alles wieder gut, aber nie mehr wie vorher: Begleitung in der Trauer.* Würzburg: Echter.

Fallbeispiele in:
Specht-Tomann, M. & Tropper, D. (2007). *Zeit des Abschieds: Sterbe- und Trauerbegleitung.* Düsseldorf: Patmos.

5.   Evaluation des Unterrichtskonzepts mit den Lernenden

Um den Erfolg des Konzepts zu evaluieren, wird ein Fragebogen mit folgenden Elementen vorgeschlagen. Er greift zurück auf das eingangs von den Lernenden formulierte Lernbedürfnis und auf die von den Lernenden geplanten Unterrichtsinhalte aus der Informationsphase:

Beurteilung / Kriterien	trifft voll zu	trifft teilweise zu	trifft überwiegend nicht zu	trifft gar nicht zu	Bemerkungen
Ich kenne die Trauerphasen und Traueraufgaben.					
Ich kann Äußerungen von Trauernden als Ausdrucksform von notwendigen Trauerprozessen verstehen und Traueraufgaben zuordnen.					
Ich kann in der Bibel Psalmen finden, in denen menschliche Not ausgedrückt und vor Gott gebracht wird.					
Ich verfüge über eine Datei mit trostreichen Worten, auf die ich im Bedarfsfall situations- und adressatengerecht zurückgreifen kann, wenn ich eine Trauerkarte schreiben muss.					
Bei der Vorstellung des Umgangs mit Trauernden fühle ich mich jetzt etwas sicherer.					
Mir hat im Unterricht gefehlt:					
Besonders interessant/eindrucksvoll fand ich:					
Die Atmosphäre in der Lerngruppe war konstruktiv.					
Das Verhalten der Lehrperson war angemessen.					
Was ich sonst noch sagen möchte:					

6.   Chancen und Grenzen eines kompetenzorientierten Unterrichts in Anlehnung an das Lernfeldkonzept[1]

Der große Vorteil liegt sicherlich darin, dass im Lernfeldkonzept der Kompetenzbegriff ernst genommen wird, konsequent Anwendung findet und nicht neuer Wein in die alten Schläuche der Lernzielorientierung gegossen wird. Zu bewältigende Situationen stehen im Vordergrund und nicht Inhalte, die an den Mann oder an die Frau gebracht werden. Konstruktivistisch gesprochen: der Aufbau „trägen Wissens" wird vermieden. Die Relevanz theologischer Inhalte und christlicher Lebensentwürfe für die eigene Lebensgestaltung werden für die Schülerinnen und Schüler unmittelbar einsichtig. Auch selbstständiges Lernen ist in diesem Konzept originär verankert.

Ein Nachteil ist in erster Linie darin zu sehen, dass die schulorganisatorischen Rahmenbedingen häufig nicht geeignet sind, Anforderungssituationen konsequent zu durchlaufen. Es ist sehr schwer, bei einer 14-tägigen Doppelstunde den Spannungsbogen einer Anforderungssituation über Wochen zu halten. Die geeignetere Form wäre ein Blockunterricht oder Unterricht in Seminarform, gerade auch bei persönlicheren Themen (Becker, 2007, S. 38–39). Dies zeigte sich auch in der Durchführung dieses Unterrichtskonzepts.

Als Kritik wird häufig angeführt, dass nur noch verwertbares Wissen, im Lernfeldkonzept im eigentlichen Sinn sogar ausschließlich beruflich verwertbares Wissen im Unterricht Platz habe und theologische Inhalte somit im Hinblick auf Verwertbarkeit funktionalisiert würden. Diese Kritik mag ich nicht gelten lassen, solange wir im Religionsunterricht immer den ganzen Menschen in all seinen Dimensionen im Blick haben und nicht nur das berufliche Handlungsfeld.

Als weitere Kritik wird häufig angeführt, dass es die Arbeit in Anforderungssituationen den Schülerinnen und Schülern schwer mache, systematisches Wissen aufzubauen.

Theologisch mag man gegen Anforderungssituationen in Anlehnung an das Lernfeldkonzept einwenden, dass das Leben mehr ist als eine Aneinanderreihung von Situationen. Religiöse Kompetenz ist mehr als das, was man in didaktisch aufbereiteten Situationen erwerben kann. Leben wird nicht nur vorwärts gelebt, sondern auch rückwärts gedeutet und mit Sinn versehen.

Fazit

Religionsunterricht nach dem Lernfeldkonzept kann und darf nicht in Anforderungssituationen in Anlehnung an das Lernfeldkonzept aufgehen, aber er bietet große Chancen für einen kompetenzorientierten Religionsunterricht – nicht nur an beruflichen Schulen!

---

1   Eine ausführliche Darstellung des Lernfeldkonzepts mit vielen Beispielen für den Religionsunterricht am RUabS findet man in dem Buch von Biesinger, Jakobi, Kießling & Schmidt (2005).

Literatur

Becker, M. (2007). Es klingelt! Na und? Lass es klingeln! Von den Vorzügen (und Schwierig-keiten) der Seminarform in Religion. *BRU-Magazin, 46,* 38–39.

Biesinger, A., Jakobi, J., Kießling, K. & Schmidt, J. (Hrsg.) (2005). *Religionsunterricht an berufsbildenden Schulen: Lernfelddidaktik als Herausforderung.* Norderstedt: books on demand.

Biesinger, A., Jakobi, J., Kießling, K. & Schmidt, J. (2005). *Sinn voll Sinn (Band 1): Leid, Tod, Auferweckung. Zwischen Verzweiflung und christlicher Hoffnung.* München: Kösel.

Birk, G., von Erdmann, A., Jakobi, J. & Weiler, J. (2002). *Grundlagenplan für den katholischen Religionsunterricht an Berufsschulen.* München: Deutscher Katechetenverein.

Kemmler, A. (2008). Trauernde trösten: Eine Lernsituation im Berufskolleg. *Kirche und Schule, 145,* 30–33.

Ott, B. (2007). *Grundlagen des beruflichen Lernens und Lehrens: Ganzheitliches Lernen in der beruflichen Bildung.* Berlin: Cornelsen.

Specht-Tomann, M. & Tropper, D. (2007). *Zeit des Abschieds: Sterbe- und Trauerbegleitung.* Düsseldorf: Patmos.

Eva Brüggemann

„Organspende"
Kompetenzorientiert lernen durch ein Lerntagebuch

1. Anforderungssituation

Im Folgenden wird eine Unterrichtsreihe zum Themenbereich Organspende vorge-stellt, in der die Kompetenzen der Lernenden einer Handelsschule durch die Erstellung eines Lerntagebuchs gefördert werden sollen. Mit dem Thema Organspende sind die Lernenden vor eine gesellschaftliche und persönliche Anforderungssituation gestellt. Die Gesellschaft steht vor dem Problem, dass viele Menschen dringend ein neues Organ benötigen, jedoch nicht genügend Organe zur Verfügung stehen. Im privaten Lebensbereich ist das Thema besonders relevant für die Lernenden, da sie ab dem 16. Lebensjahr selbst entscheiden können, ob sie Organe spenden möchten oder nicht, und sogar schon ab dem 14. Lebensjahr eine Organspende ablehnen können. Insofern geht es hier um eine Entscheidung, die unmittelbar mit dem Leben der Lernenden zusammenhängt. Die für dieses Unterrichtsvorhaben gewählte Anforderungssituati-on ist also dem Typen „persönliche, gesellschaftliche und berufliche Entscheidun-gen treffen" (Biesinger, Kemmler & Schmidt, 2010) zuzuordnen, wobei für diesen Bildungsgang nur der gesellschaftliche und persönliche Lebensbereich betroffen ist. In dieser Anforderungssituation wird vor allem die Urteils- und Entscheidungskom-petenz der Lernenden gefördert. Als Ausgangspunkt für die Unterrichtsreihe dient eine Plakatserie mit dem Titel „ORGANPATEN werden" aus einer Kampagne der Bundeszentrale für gesundheitliche Aufklärung (BzgA). Anhand dieser Plakate wird gemeinsam mit den Lernenden die Frage entwickelt, ob sie selbst auch Organpaten werden und einen Organspendeausweis ausfüllen möchten. Im Laufe der Reihe er-werben sie in der Auseinandersetzung mit der kirchlichen Position zur Organspende die Fähigkeit, einen eigenen Standpunkt zur Organspende zu entwickeln und diesen begründet vertreten zu können. Des Weiteren werden sie in der Auseinandersetzung mit verschiedenen Argumenten befähigt, die Entscheidung anderer Menschen zu ver-stehen und zu respektieren.

2. Iststanderhebung mit den Schülerinnen und Schülern

Die Handelsschule ist ein zweijähriger Bildungsgang, in dem die Lernenden berufli-che Grundbildung und den mittleren Schulabschluss gemäß Anlage B der APO-BK erwerben können. Das Fach Katholische Religionslehre gehört zum berufsübergrei-fenden Bereich und findet einstündig pro Woche im Klassenverband statt, so dass Lernende verschiedener Konfessionen und Religionen gemeinsam am Unterricht teilnehmen. Die Lernenden sind zwischen 16 und 18 Jahren alt. Es ist anzunehmen, dass die Schülerinnen und Schüler sich bisher noch nicht mit dem Thema Organspende auseinandergesetzt haben. Erfahrungsgemäß sind sie es auch nicht gewohnt, ihre eigenen Lernprozesse zu reflektieren und sind nicht mit der Lernform des Lerntagebuchs vertraut.

3. Die Arbeit mit einem Lerntagebuch

Lerntagebücher gibt es in unterschiedlichen Formen und sie können ganz unterschiedliche Funktionen erfüllen.[1] Allen gemeinsam ist, dass das Tagebuchschreiben „eine Form des schriftlichen Nachdenkens" (Reich, 2008, Methodenpool) ist und der wesentliche Kern in der Reflexion über das Lernen besteht (Winter, 2004, S. 261–262). Mit einem Lerntagebuch können Schülerinnen und Schüler ihren Lernprozess reflektieren und dadurch die Fähigkeit entwickeln, ihr Lernen selbst zu steuern (Herrmann & Höfer, 1999, S. 82). In jeweils angepasster Form sind Lerntagebücher für sämtliche Schulformen, Jahrgangsstufen und Unterrichtsfächer geeignet. Aufgrund ihrer verschiedenen Verwendungsmöglichkeiten erfordert die Arbeit mit Lerntagebüchern im Vorfeld eine sorgfältige Planung und gut begründete Entscheidungen hinsichtlich der Form, der Funktionen und des Umgangs mit dem Lerntagebuch.

In dem vorliegenden Unterrichtsvorhaben soll die Urteils- und Entscheidungskompetenz der Lernenden gefördert werden, indem sie sich mit den verschiedenen Aspekten und Perspektiven zur Organspende auseinandersetzen und anschließend eine eigene, gut begründete Entscheidung zur Organspende treffen. Das Lerntagebuch soll die Schülerinnen und Schüler bei diesem Kompetenzerwerb und in ihrem Lernprozess unterstützen. Da die Lernenden bisher noch nicht mit einem Lerntagebuch gearbeitet haben, wird das Lerntagebuch in Form eines Fragebogens erstellt, der am Ende jeder Stunde auszufüllen ist.

Der Fragebogen (siehe Kopiervorlage 1) umfasst die folgenden Fragenbereiche:
1. Was habe ich heute gemacht? Wie habe ich gearbeitet?
2. Was wusste ich schon? Was war mir neu? Was war überraschend für mich?
3. Was habe ich nicht verstanden? Welche Fragen sind noch offen geblieben oder neu aufgetaucht?
4. Inwieweit hilft mir die heutige Stunde bei der Beantwortung unserer Leitfrage „Möchte ich Organpatin/Organpate werden und einen Organspendeausweis bei mir tragen?"?

Mit Hilfe der Fragen werden die Lernenden schrittweise dazu angeleitet, sich mit den Inhalten auseinanderzusetzen und diese für ihr eigenes Leben und persönliche Fragen zu gewichten und zu bewerten, um schließlich zu einer begründeten Entscheidung zu gelangen. Das Lerntagebuch hilft den Schülerinnen und Schülern, diese Lernprozesse bewusster wahrzunehmen und zu gestalten. Auch der Lehrende erhält durch die Tage-

---

1   Ein Überblick über Formen und Funktionen findet sich bei Winter (2004).

bücher wichtige Informationen über die Lernenden und seinen Unterricht und kann so den Unterricht verbessern.

Bei der Einführung des Lerntagebuchs (siehe Kopiervorlage 2) ist es wichtig, den Lernenden genau zu erklären, was ein Lerntagebuch ist, wozu und unter welchen Bedingungen es geschrieben wird. In diesem Fall schreiben die Lernenden das Tagebuch in erster Linie für sich selbst und können selber entscheiden, was sie im Unterricht einbringen wollen. Der Fragebogen sollte am Ende jeder Stunde ausgefüllt werden, wenn die Ergebnisse der Stunde noch präsent sind. Die Lernenden werden aufgefordert, eine Mappe mit allen Materialien, Arbeitsergebnissen, Mitschriften und den Fragebögen zu führen. Diese Mappe kann von der Lehrperson eingesehen werden, wird jedoch nicht benotet. Dabei sollte verdeutlicht werden, dass die Mappe nur als Grundlage zur Verbesserung des Unterrichts und der individuellen Beratung der Lernenden dient. Auch die Funktionen des Lerntagebuchs (Überblick über die Unterrichtsinhalte, Einbringen eigener Erfahrungen und eigenen Wissens, Klärung von offenen Fragen und Schwierigkeiten, Hilfe zur Entscheidungsfindung) sollten den Lernenden vermittelt werden. Zudem besteht die Möglichkeit, weitere Vereinbarungen zum Lerntagebuch mit den Lernenden zu treffen. Innerhalb der Unterrichtsreihe kann das Lerntagebuch für den Einstieg zur Wiederholung der letzten Stunde genutzt werden. Dadurch wird das Einfinden in den Arbeitsprozess erleichtert und es können noch offene Fragen und Verständnisschwierigkeiten geklärt werden.

4. Die Unterrichtsreihe zum Thema Organspende

Die Unterrichtsreihe zum Lerngegenstand Organspende erstreckt sich über zehn Unterrichtsstunden. Zu Beginn werden die Lernenden mit der Plakatserie „ORGANPATEN werden" der Bundeszentrale für gesundheitliche Aufklärung (BzgA) konfrontiert und entwickeln die Leitfrage der Reihe *„Möchte ich Organpatin/Organpate werden und einen Organspendeausweis bei mir tragen?"*. Da das Lerntagebuch selbst nicht bewertet wird, sollte gemeinsam mit den Lernenden zur Bewertung ein Handlungsziel (z.B. eine eigene, begründete Stellungnahme zur Frage) vereinbart werden. Damit die Lernenden trotz ihres vermutlich geringen Vorwissens an der Planung des weiteren Arbeitsprozesses beteiligt werden können, wird der Film „Organspende macht Schule" (BzgA) gezeigt. Dieser bietet einen ersten Überblick über die wesentlichen thematischen Aspekte und die verschiedenen Perspektiven, so dass eine gemeinsame Festlegung der weiteren Arbeitsschritte mit den Lernenden erfolgen kann. Plakate, Film und weitere Arbeitsmaterialien zur Organspende können unter http://www.organspende-info.de/infothek/infomaterialien bestellt werden. Im Folgenden wird eine mögliche Verlaufsplanung für die Unterrichtsreihe dargestellt:

Unterrichtseinheit	Thema der Stunde
1. UE	ORGANPATEN werden?
(1 UE = 45 Min.)	• Konfrontation mit den Plakaten
	• Formulierung von Leitfrage und Handlungsziel
2. UE	Film: Thema Organspende – Ein Überblick
	• Erarbeitung von Perspektiven und thematischen Aspekten aus dem Film
	• Planung des weiteren Arbeitsprozesses
3. UE	Welche Bedeutung haben Organspenden für Wartepatienten?
4. UE	Was legt das Transplantationsgesetz als rechtliche Grundlage der Organspende fest?
5. UE	Was sagt das Christentum zur Organspende?
6. UE	Was sagt der Islam zur Organspende?
7 UE	Was ist der Hirntod?
8. UE	Wie läuft eine Organspende ab?
9. UE	Wie ist das Leben mit einem neuen Organ?
10. UE	ORGANPATEN werden – ja oder nein?

5. Evaluation des Unterrichtskonzepts

Die Erstellung eines Lerntagebuchs zur Förderung religiöser Urteils- und Entscheidungskompetenz weist sowohl viele Stärken als auch einige Schwächen auf. Ein negativer Punkt ist der hohe Arbeits- und Zeitaufwand für die Lehrenden und Lernenden. Für den Lehrenden bedeutet es viel Arbeit bei der Vorbereitung, in der er sich mit den vielfältigen Formen und Funktionen vertraut machen und darüber für seine Lerngruppe entscheiden sowie Fragebögen oder ähnliche Vorlagen erstellen muss. Während der Unterrichtsreihe müssen Hilfestellungen und Rückmeldungen gegeben und das Lerntagebuch regelmäßig gelesen werden. Auch die Auswertung der Lerntagebücher nach Durchführung der Reihe kostet Zeit und eine hohe diagnostische Kompetenz. Deshalb wäre eine Zusammenarbeit der Lehrenden einer Klasse oder eines Bildungsgangs sinnvoll. Für die Schülerinnen und Schüler stellt das Lerntagebuch ebenfalls einen zusätzlichen Arbeitsaufwand dar. Bei einstündigem Unterricht ergibt sich das Problem, dass das Ausfüllen des Fragebogens viel Unterrichtszeit in Anspruch nimmt. Deshalb ist die Arbeit mit einem Lerntagebuch grundsätzlich eher für zwei- oder mehrstündigen Unterricht geeignet.

Die Stärke des Lerntagebuchs liegt in seinen vielfältigen Einsatzmöglichkeiten. Wie oben beschrieben, kann das Lerntagebuch verschiedene Inhalte, Formen und Funktionen haben und in allen Fächern und Bildungsgängen eingesetzt werden. Der Lehrende erhält durch das Lerntagebuch wichtige Hinweise für die Gestaltung und Verbesserung des Unterrichts. Den Schülerinnen und Schülern hilft es, sich ihrer eigenen Lernprozesse bewusst zu werden, diese im Laufe der Zeit immer mehr selber zu gestalten und so mehr Selbstständigkeit und Eigenverantwortung für das eigene Lernen zu übernehmen. Im Hinblick auf dieses Unterrichtsvorhaben hilft das Lerntagebuch durch die regelmäßige Reflexion der Inhalte meines Erachtens die Urteils- und Entscheidungskompetenz der Lernenden zu fördern. Insbesondere bei Themen, die die Lernenden persönlich betreffen, kann das Lerntagebuch genutzt werden, um Gedanken festzuhalten, die die Lernenden nicht vor der ganzen Lerngruppe äußern möchten. Insgesamt kann die Arbeit mit Lerntagebüchern als ein wichtiges Instrument der individuellen Förderung und der Kompetenzentwicklung der Schülerinnen und Schüler gesehen werden, die insbesondere aufgrund der großen Heterogenität der Lernenden an Berufskollegs als sehr gewinnbringend einzustufen ist.

Kopiervorlage 1

Lerntagebuch

Datum: _____

Thema der Stunde: _____

Was habe ich heute gemacht? Wie habe ich gearbeitet?

_____

_____

_____

Was wusste ich schon? Was war mir neu? Was war überraschend für mich?

_____

_____

_____

Was habe ich nicht verstanden? Welche Fragen sind noch offen geblieben oder neu aufgetaucht?

_____

_____

_____

Inwieweit hilft mir dir heutige Stunde bei der Beantwortung unserer Leitfrage „Möchte ich Organpatin/Organpate werden und einen Organspendeausweis bei mir tragen?"?

_____

_____

_____

Kopiervorlage 2

Hinweise zum Führen des Lerntagebuchs

Was ist ein Lerntagebuch?

In der kommenden Unterrichtsreihe sollen Sie ein Lerntagebuch erstellen, das Ihnen hilft über Ihr Lernen nachzudenken und in dem Sie eigene Gedanken und Beobachtungen eintragen können.

- Das Lerntagebuch wird in Form eines Fragebogens geschrieben. Die Fragen werden Ihnen helfen, zu wissen, worüber Sie schreiben können.
- Das Lerntagebuch wird am Ende jeder Stunde ausgefüllt. Falls dazu keine Zeit bleibt, wird das Lerntagebuch möglichst bald von Ihnen zu Hause ausgefüllt.
- Sie schreiben das Lerntagebuch in erster Linie für sich selbst. Das, was Sie denken, können nur Sie beschreiben und kann nicht mit „richtig" oder „falsch" bewertet werden. Deshalb wird das Lerntagebuch selbst nicht benotet. Sie können in Ihrem Lerntagebuch ganz frei und auch umgangssprachlich schreiben. Sprachliche Fehler werden nicht korrigiert.
- Das Lerntagebuch soll im Unterricht eingebracht werden. Sie erzählen oder zeigen aber nur das, was sie preisgeben möchten. Alles andere bleibt privat.
- Die Lerntagebücher sollen in einer Mappe zusammen mit allen anderen Materialien, die Sie in dieser Reihe bekommen oder erstellt haben, gesammelt werden. Diese Mappen werden am Ende der Reihe eingesammelt.

Wozu dient das Lerntagebuch?

1. Es soll Ihnen einen Überblick über das verschaffen, was in der Unterrichtseinheit gemacht wurde.
2. Es soll Ihnen helfen, eigenes Wissen und eigene Erfahrungen einzubringen.
3. Es soll Ihnen helfen, Verständnisschwierigkeiten und offene Fragen zu erkennen, damit diese gelöst werden können.
4. Es soll Ihnen helfen, eine persönliche Entscheidung zu treffen, die Sie gut begründen können.

Weitere Vereinbarungen

_____

_____

_____

Literatur

Biesinger, A., Kemmler, A. & Schmidt, J. (2010). Religiöse Kompetenz – ein Definitions-angebot für den Religionsunterricht an berufsbildenden Schulen. *religionsunterricht an berufsbildenden Schulen (rabs)* (1), 7–10.

Bundeszentrale für gesundheitliche Aufklärung. *Organpaten werden* (Plakatserie). https://www.organspende-info.de/infothek/infomaterialien/allgemeine-infomaterialien [31.10.2013].

Bundeszentrale für gesundheitliche Aufklärung. *Organspende macht Schule* (Film). https://www.organspende-info.de/infothek/infomaterialien/allgemeine-infomaterialien [31.10.2013].

Herrmann, J. & Höfer, C. (1999). *Evaluation in der Schule: Unterrichtsevaluation.* Gütersloh: Bertelsmann Stiftung.

Kemmler, A. (2009). Kompetenzorientiert unterrichten in Bildungsgängen des Berufskollegs. *Kontexte: Religionspädagogische Diskussionsbeiträge und Informationen von und für Religionslehrer/innen und Seelsorger/innen an Schulen im Bistum Essen,* 15–20.

Ministerium für Schule und Weiterbildung des Landes Nordrhein-Westfalen (2010). *Verordnung über die Ausbildung und Prüfung in den Bildungsgängen des Berufskollegs (Ausbildungs- und Prüfungsordnung Berufskollegs – APO-BK).*

Reich, K. (2008). *Konstruktivistische Didaktik: Lehr- und Studienbuch mit Methodenpool* (4. Auflage). Weinheim: Beltz.

Winter, F. (2004). *Leistungsbewertung: Eine neue Lernkultur braucht einen anderen Umgang mit den Schülerleistungen.* Baltmannsweiler: Schneider Verlag Hohengehren.

Aggi Kemmler

„Erntedank in der Kindertagesstätte St. Elisabeth"

Eine berufsbezogene Anforderungssituation für Erzieherinnen und Erzieher, bearbeitet mit den Phasen der vollständigen Handlung

1. Die Anforderungssituation[1]

Svenja ist als Berufspraktikantin seit ein paar Wochen in der katholischen Tageseinrichtung St. Elisabeth in Werne tätig. Sie freut sich sehr, nun ganz in die Praxis eintauchen zu können. Sie wurde von den Kolleginnen gut aufgenommen und auch die 21 Kinder der Tigergruppe (3,3–5,11 Jahre), in der sie hauptsächlich tätig ist, zeigen sich ihr gegenüber aufgeschlossen. Insgesamt fühlt sich Svenja sehr wohl und ist gespannt auf die heute stattfindende wöchentliche Teambesprechung, die von Christiane, der Einrichtungsleiterin, moderiert wird. Mit dabei sind auch Jutta, die mit Svenja zusammen in der Gruppe ist, und Heike, eine Kinderpflegerin als Ergänzungskraft.

Christiane:	Auf unserer Tagesordnung steht als Erstes das nächste Erntedankfest.
Heike:	Oh ja, in vier Wochen ist es wieder so weit.
Jutta:	Schade, der Sommer ist schon wieder fast vorbei ...
Svenja:	Macht Ihr hier im Kindergarten etwas Bestimmtes zu diesem Anlass?
Christiane:	Ja, wir machen in der Woche vor dem Erntedanksonntag immer eine Aktion im Kindergarten. Am Erntedanksonntag selbst ist in der Kirche dann ein großer Familiengottesdienst, in den wir etwas von unserer Aktion einbringen.
Jutta:	Das ist eigentlich immer sehr schön. Svenja, sollen wir uns für unsere Tiger nicht was überlegen?
Svenja:	Na ja, ich weiß nicht so recht. Lust hätte ich schon, aber einen Gottesdienst mitgestalten ... ich weiß nicht, ob ich mir das zutraue ... Wenn wir das zusammen machen können ...?
Jutta:	Klar!
Svenja:	Dann bin ich gespannt, das ist etwas ganz Neues für mich.
Christiane:	Prima, also Jutta und Svenja kümmern sich um Erntedank und entwickeln ein Konzept für die Tigergruppe. Und wir, Heike, überlegen dann, wie sich die anderen Gruppen an der Aktion beteiligen lassen.
Heike:	O. K.
Christiane:	Gut, wir können dann zum nächsten Punkt kommen. ...

---

1 Bei der Anforderungssituation handelt es sich um eine überarbeitete Version von Kemmler (2008, S. 13–14); vgl. zudem die Kopiervorlagen in der Heftmitte derselben Ausgabe.

2.   Die Lernvoraussetzungen

Die individuellen Lernvoraussetzungen können mit folgendem Fragebogen erhoben werden.

Kriterien \ Beurteilung	trifft voll zu	trifft teilweise zu	trifft überwiegend nicht zu	trifft gar nicht zu	Bemerkungen
Ich habe schon häufig (z.B. in der Jugendarbeit) bei der Gestaltung von Gottesdiensten mitgewirkt.					
Ich kenne die religiöse Bedeutung des Erntedankfestes.					
Ich kenne den Aufbau eines Gottesdienstes.					
Ich weiß, wo ich dem Alter und Entwicklungsstand der Kinder entsprechende religionspädagogische Materialen zum Thema Erntedank finde.					
Ich kann bei der Auswahl und Erstellung von religionspädagogischen Materilien zum Thema Erntedank das Alter und den Entwicklungsstand der Kinder berücksichtigen.					
Ich kann bei der Planung von Aktionen zum Thema Erntedank das Alter und den Entwicklungsstand der Kinder berücksichtigen.					
Ich kann mir für mich selbst vorstellen, mit Kindern in einer Einrichtung an der Vorbereitung eines Erntedank-Gottesdienstes mitzuwirken.					
Die religiöse Erziehung von Kindern ist mir wichtig.					

Dieser Bogen kann vor Beginn der Unterrichtsreihe eingesetzt werden, um Lernstand und Motivationslage der Studierenden der Lerngruppe zu erheben. Die Lernenden können dann auf der Grundlage des Bogens für sich selbst den Lernbedarf formulieren. Die Lehrperson kann auf der Grundlage der Ergebnisse die Anforderungssituation gestalten.

Alternativ kann der Bogen auch nach der Analyse der Anforderungssituation eingesetzt werden. Er kann dann im Unterrichtsprozess dabei helfen zu klären, über welche Dispositionen die Studierenden bereits verfügen, um die Situation zu bewältigen, und welche noch erworben werden müssen.

Bei der Gestaltung des Bogens und der Anforderungssituation wurde hier vorausgesetzt, dass die Stufen (religiöser) Entwicklung bereits bekannt sind und diese Dispositionen bereits in anderen Lernfeldern und Lernsituationen erworben wurden. Ist das nicht der Fall, bietet sich eine fächerübergreifende Kooperation an.

3.   Die Lernhandlungen im Unterricht und erwarteter Kompetenzerwerb bzw. -zuwachs

Lernhandlungen	Angebahnte Kompetenzen und inhaltliche, methodische, organisatorische Hinweise
Die Anforderungssituation analysieren • Konfrontation mit der Anforderungssituation, spontane Äußerungen • Analyse der Situation aus der Perspektive der einzelnen beteiligten Personen: Welche Empfindungen und Erwartungen lassen sich vermuten? • Analyse der anstehenden Handlungen: Vor welchen Anforderungen steht die Hauptakteurin Svenja? Welche Situationen wird sie zu bewältigen haben?	Angebahnte Dispositionen und Kompetenzen: • eine Situation aus der Perspektive verschiedener betroffener Personen wahrnehmen • die eigene Bereitschaft für die religionspädagogische Aufgabe ‚Mitgestaltung von Gottesdiensten zu Festtagen' klären Mögliche methodische Zugänge, Sozial- und Aktionsformen: • Redekette • Kartenabfrage

Das weitere Vorgehen hängt davon ab, welche Handlungsoptionen die Studierenden identifiziert haben. Bei der Planung der Lernhandlungen wird von folgenden Anforderungen an Svenja ausgegangen:
• Erstellen eines Konzeptes für Aktionen in der Einrichtung
• Planung eines Beitrags für einen Familiengottesdienst

Elemente und Schritte zur Bewältigung der Situation planen:	Angebahnte Dispositionen und Kompetenzen:
• Welche Kenntnisse, Methoden, Medien etc. sind zur Bewältigung der Situation notwendig?	• die eigenen Unsicherheiten, Einstellungen und den nötigen Lernbedarf identifizieren und den Lernweg planen
• Welche Arbeitsschritte sind hierfür in welcher Reihenfolge und in welchem Zeitumfang durchzuführen?	Handlungsziele:
• Welche Arbeitsschritte wollen wir im Unterricht wie durchführen?	• Informationsbedarf definieren: z.B. Erntedank als Brauch der Kirche, Elemente des Gottesdienstes, religiöse Entwicklung der Kinder
• Was sind unsere Handlungsprodukte?	• Arbeitsschritte für Svenja und Jutta festlegen, u.a. Ideen sammeln, Konzept entwickeln, Kontakt mit der Kirchengemeinde aufnehmen, evtl. Kontakt mit anderen Lernpartnern aufnehmen ...
• Was sind unsere Kriterien zur Zielerreichung/ Leistungsbewertung?	• unterrichtliche Vorgehensweise planen, z.B. Internetrecherche zu Erntedank, religionspädagogische Literatur zum Thema „Erntedank" sichten, Gebete und Lieder lesen und aussuchen, evtl. selber verfassen
	• Handlungsprodukte für die Aktion in der Einrichtung und den Gottesdienst definieren, z.B. Erntetag auf dem Bauernhof, Gestaltung einer Meditation mit Feldfrüchten und Kett-Legematerialien, Singspiel, Erntetanz, Fürbitten
	• Grundlagen und Kriterien der Leistungsbewertung festlegen

Die angehenden Erzieher/innen und Lehrer/innen planen die unterrichtliche Vorgehensweise gemeinsam. Nicht alle möglichen „Handlungsprodukte" lassen sich unterrichtlich umsetzen, die Klasse wählt aus. Das Handlungsprodukt wird klar definiert.

Die geplanten Arbeitsschritte durchführen	Angebahnte Dispositionen und Kompetenzen:
• Information/Erarbeitung/Beschaffung der benötigten Kenntnisse, Methoden, Medien, Verwendung der neu erworbenen Kenntnisse/ Qualifikationen für die Erarbeitung einer Strategie zur Bewältigung der Situation	• Ackerbau als Teilhabe an der Schöpfung begreifen und Kindern begreifbar machen
	• das Dankgebet als Ausdruck gelebter Gottesbeziehung erfahren
	• mit der Pfarrgemeinde kooperieren
	• Elemente eines Ernte-Dank-Gottesdienstes sach- und adressatengerecht gestalten
	Mögliche methodische Zugänge, Sozial- und Aktionsformen:
	• Internetrecherche zur Entwicklung und Funktion des Erntedankfestes, Textarbeit zu Elementen des Gottesdienstes, Erprobung der Kett-Legematerialien in der gesamten Lerngruppe, Planung der Aktion in Gruppenarbeit, Verfassen von Dankgebeten in Partnerarbeit ...

Erarbeitete Lösungen präsentieren, bewerten, eventuell Alternativen entwickeln	Angebahnte Kompetenz:
• Präsentation und Bewertung des Arbeitsprozesses und der Lösungsvorschläge	• verschiedene Möglichkeiten der sach- und adressatengerechten Planung der Aktion reflektieren
	Mögliche methodische Zugänge, Sozial- und Aktionsformen:
	• Die Studierenden bereiten „Stationen" mit selbstgestalteten Materialien vor. Alle begeben sich gemeinsam von Station zu Station, die jeweiligen Gestalter/innen der Station präsentieren (Museumsgang); die Gestalter/innen bekommen ein Feedback. Evtl. werden Anregungen aufgenommen und Änderungen vorgenommen.
	• Eine kriteriengeleitete Selbst- und Fremdbewertung der Produkte wird vorgenommen.

Wenn die Aktion in Kooperation mit einer Einrichtung und einer Pfarrgemeinde tatsächlich durchgeführt werden soll, würde sich an die Präsentation das Erarbeiten einer gemeinsamen Lösung anschließen.

Die Phasen der Anforderungssituation reflektieren	Angebahnte Kompetenz:
• Reflexion der Vorgehensweise und Arbeitsschritte in den einzelnen Phasen	• um die Grenzen der Machbarkeit wissen und sie aushalten
• Kritische Überprüfung der Anforderungssituation (Lebensbezug, Realitätsnähe, Aufgabenstellungen etc.)	Mögliche methodische Zugänge, Sozial- und Aktionsformen:
	• Bilanz ziehen unter der Fragestellung: Welche unterrichtlichen Schritte haben sich bewährt? Welche haben sich nicht bewährt? Was würden wir beim nächsten Mal anders machen?, evtl. über Kartenabfrage

Arbeitsergebnisse sichern und in neuen Zusammenhängen anwenden	Fachliche Kenntnisse, Lern- und Arbeitsstrategien werden in dieser Phase gesichert, um sie für andere Zusammenhänge verfügbar zu machen. Die Studierenden werden sich ihres persönlichen Ertrags in der Auseinandersetzung mit der Anforderungssituation bewusst und es wird Raum gegeben, sich darüber zu äußern. Hier kommt jetzt auch wieder verstärkt der motivationale und volitive Aspekt der Kompetenzen in den Blick.
	• Bilanz ziehen evtl. als Eintrag in ein Lerntagebuch: *Kann ich mir vorstellen, als Erzieherin mit der Pfarrgemeinde zu kooperieren, indem ich z.B. Gottesdienste mitgestalte? Wie wichtig ist mir als Erzieher/in die religiöse Erziehung von Kindern? Welche weiteren Gelegenheiten im Kirchenjahr bieten sich an für ähnliche Aktionen?*

4.   Evaluation des Unterrichtskonzepts

Die Evaluation mit den Studierenden kann einmal individuell erneut mit dem Lernstandserhebungsbogen aus der Anfangsphase erfolgen. Die Studierenden dokumentieren ihren subjektiv erlebten Lernfortschritt in einem Lerntagebuch. Zum Anderen werden die Lernprodukte kriterienorientiert in Schülerselbstbewertung und durch die Lehrperson bewertet.

Literatur

Kemmler, A. (2008). Paradigmenwechsel oder neuer Wein in alten Schläuchen? Kompetenzorientierter Religionsunterricht am Beispiel einer Lernsituation in der Fachschule für Sozialpädagogik. *religionsunterricht an berufsbildenden schulen (rabs), 3,* 13–14.

Aggi Kemmler

„Schächten um des Himmels Lohn?"

Eine berufsbezogene Anforderungssituation für Landwirtinnen und Landwirte

1. Die Anforderungssituation

> Hof Surkamp ist ein landwirtschaftlicher Familienbetrieb im Münsterland, der sich auf Rinder- und Bullenmast spezialisiert hat.
>
> Zur Familie gehören vier Personen: Maria Surkamp, 47 Jahre alt und Heinz Surkamp, 49 Jahre alt.
>
> Martin, 19 Jahre, macht eine Ausbildung zum Landwirt auf einem anderen Hof. Er plant aber, später in den elterlichen Betrieb einzusteigen, und wohnt auch dort.
>
> Anna, 17 Jahre, besucht die zwölfte Jahrgangsstufe eines Gymnasiums. Sie kann sich vorstellen, später in den Betrieb einzusteigen, ist sich aber noch nicht sicher. Anna und Martin sind beide in der Katholischen Landjugend aktiv.
>
> An einem Samstag im August sitzt die Familie gemeinsam beim Mittagstisch. Heinz Surkamp berichtet:
>
> „Heute morgen erhielt ich einen Anruf von dem türkischen DITIB–Kulturverein. In diesem Jahr feiern die Muslime im Oktober das Kurbanfest. Herr Abid Yilmaz, der Vereinsvorsitzende, fragt an, ob wir uns vorstellen können, mit der Gemeinde zusammenzuarbeiten. Gemeindemitglieder würden Rinder und Bullen von uns kaufen und direkt bei uns nach muslimischem Ritus schlachten und aufteilen. Das Ganze wäre verbunden mit einem geselligen Fest. Ich habe ihn gebeten, nächste Woche mal zu uns zu kommen, um darüber zu sprechen."

Durch die Bearbeitung dieser Anforderungssituation wird vorwiegend die Verständigungskompetenz als „Bereitschaft, Wille und Fähigkeit, über die eigene Religion bzw. die eigene Religiosität Auskunft zu geben und im Sinne einer starken Toleranz in die Auseinandersetzung mit ethischen und religiösen Grundüberzeugungen anderer Kulturen und Weltanschauungen einzutreten", gefördert. In dieser Situation geht es darum, aus der Perspektive eines traditionellen Münsterländer Familienbetriebs eine Entscheidung zu treffen über eine Beteiligung an der Ausrichtung des muslimischen Opferfestes zu Ehren Abrahams, bei dem Tiere nach muslimischem Ritus, zu dem das Schächten gehört, geschlachtet werden. Das Fleisch wird zum Teil im Rahmen von Feiern mit Verwandten und Freunden verzehrt, zum Teil bedürftigen Familien zugeführt.

Es gibt in Deutschland bereits etliche Betriebe, die muslimischen Gläubigen diese Feier ermöglichen.[1] Dies ist für die Betriebe durchaus von wirtschaftlichem Interesse.[2] Immer wieder gibt es aber auch Konflikte mit dem Tierschutz und Schlachtvorschriften, wenn in „Hinterhöfen" ohne Wissen der Landwirte, von denen die Tiere erworben wurden, oder auch auf landwirtschaftlichen Betrieben illegal geschlachtet, d.h. ohne Genehmigung und ohne Betäubung geschächtet wird. Neben den rein rechtlichen Problemen sind auch Gewissenskonflikte in Bezug auf Tierschutz und religiöse Identitätsfragen für die Bewältigung der Situation relevant.

2.   Erwarteter Kompetenzerwerb bzw. -zuwachs und Hinweise zur Gestaltung des Lernarrangements

In die von der Familie aus der Anforderungssituation zu treffende Entscheidung spielen daher wirtschaftliche, tierschutzrechtliche, ethische, interkulturelle und religiöse Aspekte hinein. Es würde den Rahmen eines einstündigen Religionsunterrichts sprengen, wollte man all diese Aspekte im Religionsunterricht vertiefend erarbeiten, und das auch noch aus den unterschiedlichen Perspektiven mit ihren je eigenen Motivlagen heraus. Diese Anforderungssituation bietet sich eher für ein fächerübergreifendes Lernarrangement an. Einige der für die Fächer Betriebsführung, tierische Erzeugung und Vermarktung der Produkte und Dienstleistungen genannten anzustrebenden Kompetenzen und Ziele sind hervorragend geeignet, zum Kompetenzaufbau für die Bewältigung dieser Situation beizutragen (Ministerium für Schule und Weiterbildung des Landes Nordrhein-Westfalen, 2008, S. 11–19).

Am Ende der fächerübergreifenden Arbeit könnte ein simuliertes Gespräch zwischen Vertretern des DITIB und den Mitgliedern der Familie Surkamp stehen. Ergänzend oder alternativ könnten die Auszubildenden auch einen Brief verfassen, in dem sie der DITIB ihre Entscheidung aus der Perspektive von Heinz Surkamp mitteilen. Außerdem kann bei positiver Entscheidung als Produkt ein Handlungsplan erstellt werden, der den Ablauf der Betriebsorganisation bis zum Kurbanfest beschreibt.

Als Konzept für die Abfolge der Lernhandlungen im Unterricht eignen sich für diese Situation besonders die Phasen der vollständigen Handlung.[3] Wünschenswert und effektiv wäre es, wenn man für die Durchführung dieser Anforderungssituation die Stundentafel aufheben könnte und der Anforderungssituation ein bestimmtes Stundenkontingent zuteilen würde, so dass die Lernenden ganz in sie eintauchen könnten. Idealerweise könnte ein Teil der Erarbeitung in einem infrage kommenden landwirtschaftlichen Betrieb stattfinden und mit einem Besuch eines DITIB-Kulturvereins verbunden werden.

---

1   Vgl. z.B. www.kurbanfest.de. Das jährlich auf dem dort dargestellten Hof stattfindende Kurbanfest stand Pate für die Gestaltung dieser Anforderungssituation.

2   Allein auf dem Hof, der für diese Anforderungssituation Pate stand, werden pro Jahr über 100 Bullen und Rinder geschlachtet.

3   Vgl. die Beiträge „Trauernde trösten" (S. 49–57) und „Erntedank" (S. 67–72) in diesem Buch.

Wenn eine Auflösung der Stundentafel aus schulorganisatorischen Gründen nicht möglich ist, können nach einer Analysephase die einzelnen Lernhandlungen je nach thematischem Schwerpunkt auch auf die einzelnen Fächer aufgeteilt werden.

Folgende schwerpunktmäßig religiöse Kompetenzen und Dispositionen werden zur Bewältigung dieser Anforderungssituation benötigt:

Insgesamt geht es darum, dass die Lernenden am Beispiel des Kurbanfestes Verständnis und aktive Toleranz entwickeln in der Auseinandersetzung mit muslimischen Festen und Gebräuchen, wie sie auch in unserer Gesellschaft ausgeübt werden, auch und gerade, wenn sie ihr berufliches Handeln betreffen. Hierzu können sie im Rahmen der Anforderungssituation folgende Dispositionen erwerben:

- Die theologische und kulturelle Bedeutung des Kurbanfestes für Muslime verstehen.
- Ein eigenes Verständnis von der theologischen Rede vom „Opferlamm" in Auseinandersetzung mit der katholischen Tradition entwickeln und im interreligiösen Dialog darstellen.
- Den sozialen Aspekt des Kurbanfestes würdigen.
- Die Abrahamgeschichte aus christlicher und aus muslimischer Sicht deuten.
- Eine eigene Position zur Verwendung von Tieren als Kultopfer finden.

Literatur

Ministerium für Schule und Weiterbildung des Landes Nordrhein-Westfalen (2008). *Lehrplan für das Berufskolleg in Nordrhein-Westfalen: Landwirt/Landwirtin* (Heft 4262). 11–19.

Burkard Hennrich

„Räume der Stille sind überall"

Kompetenzorientierter Religionsunterricht in der Berufsschule mit der Einübung in die Stille

Das didaktische Prinzip der Übung ist zu Unrecht in Vergessenheit geraten. Gründe dafür liegen im Verdacht, Übungen seien stupide Wiederholung, die Kompetenzaufbau mehr verhindern als fördern; im Vorurteil, dass für viele religiöse Themen weniger die Übung an ihnen entscheidend sei als deren kognitive Durchdringung; und im pragmatischen Urteil, dass mit Blick auf die zur Verfügung stehende Zeit im Schuljahr – im einstündigen Religionsunterricht der Berufsschule[1] sind es über das Jahr ca. 35 Stunden – Übungen keinen Platz haben.

Stilleübungen erfreuen sich dennoch großer Beliebtheit. Dies nicht nur im RUabS. Auch Kolleginnen und Kollegen aus anderen Fächern schätzen die didaktischen Möglichkeiten, die aus Phasen der Stille und Ruhe im Unterrichtsverlauf hervorgehen. Stille ist ein Moment des Zu-sich-selbst-Kommens, für Schülerinnen und Schüler oft eine willkommene Gelegenheit von Auszeit und Nicht-wieder-etwas-leisten-Müssens. Neben der didaktischen Inszenierung von Stille im Unterricht muss dem RUabS daran gelegen sein, Schülerinnen und Schüler kompetent zu machen, Stille als eigenen Wert wahrzunehmen, sie aktiv aufzusuchen und im Rahmen der eigenen Möglichkeiten auch zu gestalten.

Das folgende Unterrichtsbeispiel verfolgt diese Zielsetzung. Dabei spielt der Aspekt der Übung eine durchgehende Rolle, weil die Erfahrung von Stille nicht nur auf Momentaufnahmen beruht, sondern in den Alltag der Schülerinnen und Schüler verlängert werden kann. Mit anderen Worten: Die Schülerinnen und Schüler vertiefen ihre Stilleerfahrungen durch Übung und die Übung selbst verhilft ihnen dazu, solche Stilleerfahrungen aktiv gestalten zu können.

1. Die Anforderungssituation

> Im Religionsunterricht berichten Auszubildende im Bereich Energie- und Gebäudetechnik von ihren Erfahrungen auf Baustellen:
> „Wenn ich mit meinem Gesellen auf der Baustelle bin, bin ich ihm oft nicht schnell genug. Dann wird er schnell laut, reißt meine Aufgaben an sich und erledigt das. Das finde ich nicht gut. Ich meine, ich gehe natürlich mit ihm auf die Baustellen, wenn der Meister das will. Aber gerne mache ich das nicht. Es macht keinen Spaß und stresst mich."

---

[1] In NRW werden Berufsschulen als „Berufskolleg" bezeichnet.

„Bei manchen Aufgaben blicke ich nicht von Anfang an durch. Zum Beispiel, wenn ich den Plan von einem Bürogebäude vorgelegt bekomme und das Material für die Installation in einem der Räume vorbereiten soll. Ich muss dann lange überlegen, wie ich sie erledigen kann. Wenn ich dann merke, dass die anderen schon anfangen zu arbeiten, bekomme ich ein bisschen Panik."

„Ich bin froh, wenn Berufsschule ist. Mein Meister hat hohe Ansprüche und ich fühle mich oft beobachtet."

Zusammen überlegen die Religionsschülerinnen und -schüler in der Klasse, welche Möglichkeiten es geben kann, mehr Ruhe und Gelassenheit zu finden. Die Religionslehrerin schlägt vor, Stilleübungen zu machen.

Die Bearbeitung der Anforderungssituation bringt die Stille als alternative oder ergänzende Möglichkeit, Alltag zu erleben, in den Blick. Die Schülerinnen und Schüler werden darauf aufmerksam, dass Stille im gesellschaftlichen Rahmen an Bedeutung gewinnt. Sie thematisieren den religiösen Kontext und tauschen sich über eigene Erfahrungen mit Ruhe und Stille aus. So, sich ihrer Ausgangssituation bewusst, entwickeln sie in kreativer Weise potentielle Gestaltungsideen für Räume der Stille und erfassen zugleich deren Sinn.

Gefördert werden in dieser Phase Kompetenzen der Selbst- und Fremdwahrnehmung als Fähigkeit, religiös bedeutsame Aspekte und Fragen wahrzunehmen, aber ebenso Verständigungskompetenz, verstanden als Bereitschaft, Wille und Fähigkeit, über die eigene Religion bzw. die eigene Religiosität Auskunft zu geben, ohne dabei andere religiöse bzw. weltanschauliche Einstellungen aus dem Blick zu verlieren. Schließlich gewinnen die Schülerinnen und Schüler Gestaltungskompetenz, indem ihre Ideen Gestalt annehmen können. Die Anforderungssituation fordert zu einem Urteil darüber auf, inwiefern Stilleübungen dazu geeignet sind, mehr Ruhe und Gelassenheit zu finden, auch im beruflichen Alltag. Die Lernvoraussetzungen treten in den unterschiedlichen Erlebens- und Erfahrungshorizonten der einzelnen Schülerinnen und Schüler zu Tage, von denen ausgehend es möglich ist, schrittweise Lernwege in die Stille zu suchen und zu finden.

2. Die Lernvoraussetzungen und erwarteter Kompetenzerwerb – für die Stille bereit machen

Nach einer ersten, durch die Anforderungssituation hervorgerufenen Kontaktaufnahme mit dem Thema Stille sollen nun weitere Bausteine zu einer schrittweisen Vertiefung führen.

Dabei wird zu Anfang der Einheit sehr wichtig sein, Zeiten und Orte zu thematisieren, die als stressig und belastend in Berufsalltag und Privatleben erlebt werden. Da die Anforderungssituation sich auf solche konkreten Situationen bezieht, sollten diese auch benannt und in geeigneter Weise festgehalten werden. Nur so ist gewährleistet, dass Stilleübungen nicht als alltagsenthoben wahrgenommen bzw. sogar als Disziplinierungsinstrument – zum Still-Halten – verstanden werden. In einem ergänzenden Schritt können die verschiedenen Qualitäten von Unruhe, Leistungsdruck und Stress diskutiert werden. Es ist eine Lernerfahrung für die Schülerinnen und Schüler, dass anhaltender Lärm, etwa von Maschinen, mehr oder weniger unbemerkt inneres Unbehagen und Unruhe auslösen kann. Vor dem Hintergrund jugendlichen Erlebens ist dies vergleichsweise schwer zu vermitteln.

Körperliche Dynamik, Neugier, Lebenslust stehen oft im Vordergrund jugendlichen Erlebens. Ruhig geht es dabei selten zu. Schon eher bestimmen z.B. die Töne der neuen Medienwelten mit piepsen, klingeln, surren, brummen etc. den jugendlichen Alltagssound. PC, Laptop und Handy, iPad und iPod, Spielkonsolen und alle Arten von Musikkonserventrägern bilden den Grundstoff, aus dem sich moderne Klangwelten erschaffen lassen. Eingebettet in das Hintergrundrauschen alltäglicher Schallpegelquellen, z.B. brummender Flugzeugmotoren, quietschender Reifen, splitternder Flaschen im Glascontainer, aufheulender Motorräder, ratternder Rasenmäher, kreischender Krähen und tropfender Wasserhähne etc., entsteht ganz individuell die Welt als Klang. Oder vielleicht doch eher als Geräuschkulisse? Möglicherweise gar als „Lärmbrei".

Es ist eben ganz unterschiedlich, wie der bzw. die Einzelne, die durch das Ohr geschleusten Schallwellen deutet. Frühes Vogelgezwitscher kann Born seelischer Erquickung sein, oder aber Quellgrund von Verzweiflung und Ärger über zu früh beendeten und nicht mehr wiederzufindenden Schlaf. Sieglinde Geisel schreibt: „Selbst die lautesten Geräusche, die in der Natur entstehen, wie der Donner oder ein Vulkanausbruch, sind für sich genommen kein Lärm. Dieser entsteht erst im Kopf des Menschen […]. Lärm ist interpretiertes Geräusch" (Geisel, 2011, S. 14). Für sie ist Lärm „Schall, der irgendjemanden stört, belastet, ängstigt, beunruhigt, ablenkt, aufregt oder nervös macht". Sie verbindet Lärm etymologisch mit „dem alten italienischen Schlachtruf ‚all´arme' – ‚zu den Waffen' […] Die genaueste und knappste Definition lautet demnach: Lärm ist ein Geräusch, das irgendjemanden alarmiert" (Geisel, 2011, S. 15).

Nicht jedes laute Geräusch ist also Lärm. Lärmen kann auch Spaß machen und, z.B. bei Kindern, Grund sein für Kreativität und Freude.

Lärm kann aber eben auch krank machen, wie zahlreiche Untersuchungen in den letzten Jahren belegen (Bundesministerium für Umwelt, Naturschutz und Reaktorsicherheit, 2012).[2] Entsprechend äußert sich das Bundesministerium für Umwelt, Naturschutz und Reaktorsicherheit in einer Kurzinformation zum Thema Lärmschutz: „Lärm schränkt die Lebensqualität vieler Menschen erheblich ein. Hauptursachen sind Kraftfahrzeuge, Eisenbahnen, Flugzeuge, aber auch Industrie- und Gewerbeanlagen. Hohe Lärmbelastungen verursachen nicht nur Störungen und Belästigungen, sie können auch zu relevanten Gesundheitsrisiken vor allem für das Herz-Kreislauf-System führen. […] Eine wichtige Rolle spielt auch der Freizeit- und Nachbarschaftslärm. […] Lärm ist ein gesellschaftlich relevantes Problem. Die Lärmbelastung der Bevölkerung muss reduziert werden" (ebd.).

---

2   Vgl. z.B. auch die Hinweise auf Publikationen, Berichte, Aktionen und Links des Bundesministeriums für Umwelt, Naturschutz und Reaktorsicherheit, 2013.

Wie dem auch sei, ob die unterschiedlich oszillierenden Schallwellen eher als dem Wohlbefinden dienende und lebensförderliche Wirkung wahrgenommen oder als störende, ja zerstörende Reizung empfunden werden – es ist seit jeher auch Erfahrung des Menschen, dass das Leben vor der Kulisse der „großen Stille" gespielt wird. Alles Rauschen hat seine Stunde: Vor der Stille wächst es heran, dehnt sich aus in Raum und Zeit und verschwindet wieder im stillen Grund.

Geräusch und Stille sind mithin die zwei Seiten derselben Medaille. Dieses Bild legt nahe, dass keiner der beiden Seiten ein „Zuviel" beigemessen werden darf. Einseitigkeit bringt die Dinge aus dem Lot.

Viele Anzeichen sprechen dafür, dass heute, auch im Leben junger Menschen, das Geräuschvolle, Laute und Rauschhafte schwerer wiegt als die leisen Töne der Aufmerksamkeit und Wachheit. Lärm kann dabei nicht nur durch Schallquellen ausgelöst werden. Auch Gedanken und Gefühle können im Menschen rumoren.

Gründe genug, Wege in die Stille zu suchen und zu finden, oder wenigstens einige Pfade.

Erfahrungen zeigen, dass Jugendliche dem Thema Stille einerseits mit Interesse, andrerseits mit großer Skepsis begegnen. Es empfiehlt sich daher, das Thema behutsam anzugehen. Alexander Neeb schlägt in seiner Staatsexamensarbeit „Lernwege in die Stille" vor, Schülerinnen und Schüler dualer Bildungsgänge an die ästhetisch-religiöse Dimension der Stille heranzuführen (Neeb, 2008), sie zur Stille zu erziehen. Seiner Ansicht nach ist „eine unmittelbare Konfrontation mit Stille (bzw. Stilleübungen) [...] bei Klassen, die große Vorbehalte gegenüber dem Religiösen haben, nicht anzuraten, zumal die Jugendlichen mangelnde Stille in ihrem Leben noch nicht als prekär wahrgenommen haben. Von daher gilt es, Schüler schrittweise an den Lerninhalt Stille heranzuführen, damit sie sich zu einem späteren Zeitpunkt mit ganzem Herzen für Stille einsetzen. Mit Blick auf diese Maxime bietet sich ein problemorientierter Einstieg über die Negativfolgen von Lärm an. Dieser Zugang erhält weitere Legitimation dadurch, dass der Begriff Stille, durch inhaltliche Abgrenzung vom Terminus Lärm, grundsätzlich an Kontur gewinnt" (ebd., S. 20–21).

Neeb setzt in der Erfahrungsebene der Schülerinnen und Schüler an, macht das Alltagsphänomen Lärm in seinen vielfältigen Facetten und Wirkungen bewusst. Erlebnis- und handlungsorientiert schlägt er vor, Lernenden z.B. fächerübergreifend („z.B. in Bauphysik") „durch den Einsatz von Lärmpegelmessgeräten [...] eine lebendige Vorstellung von der Intensität alltäglicher Geräusche" zu verschaffen, indem die Schülerinnen und Schüler die „Geräusche dB(A) schätzen". Oder er empfiehlt „z.B. im Rahmen des Deutschunterrichts die Durchführung eines Konzentrationstests", durch den sich nachweisen lässt, dass „bereits leise Hintergrundmusik [...] in der Regel die eigene Konzentrationsfähigkeit" vermindert (ebd., S. 22–23).

Durch Maßnahmen dieser Art mit den Bedeutungen des Lärms vertraut gemacht, können die Schülerinnen und Schüler jetzt mit konkreten Ruheübungen näher an die Stille herangeführt werden. Geeignet sind beispielsweise Meditationen über Texte, Bilder und Symbole, angeleitete Imaginationen, Phantasie- und Traumreisen, Wahrnehmungs- und Achtsamkeitsübungen und Ähnliches.

Sinnvoll ist es, jene Übungen nicht alle auf einmal und hintereinander durchzuführen, sondern diese immer wieder im Verlauf eines Schuljahres, z.B. nach einer abgeschlossenen Unterrichtseinheit, anzubieten, um so die Bedeutsamkeit von Permanenz und Wiederholung jener Übungen zu demonstrieren.

Haben Schülerinnen und Schüler gelernt, Ruhe und Stille auf diese Weise zu würdigen, sollte eine Evaluation der Erfahrungen erfolgen. Die Schülerinnen und Schüler beurteilen in diesem Schritt ihre Stilleerfahrungen, tauschen sich über deren Praxistauglichkeit aus und diskutieren, welche Übungen in welchen Situationen angemessen sein können.

Danach kann eine weitere Vertiefung erfolgen: das absichtslose „Sitzen in Stille".

## 3.	Einüben der Stille

Aus der Betriebsamkeit und der Lebensdynamik auf die Ruhe aufmerksam gemacht und an die Stille herangeführt, lohnt es sich, letztere vertieft wahrzunehmen. Eine geeignete Praxis hierfür bieten kontemplative Übungen, wie sie aus der Tradition christlicher Mystiker in Kombination mit fernöstlichen Meditationspraktiken entwickelt wurden. Jenes absichtslose Sitzen, das allein durch ein „liebendes Aufmerken" (Johannes v. Kreuz) ein „Schauen ins nackte Sein" (Autor der ‚Wolke des Nichtwissens') ermöglicht, konfrontiert mit jener großen Stille, in der die Stimme „verschwebenden Schweigens" (M. Buber) vernommen werden kann.

Wer gestaltfreie Meditationsübungen dieser Art in seinem Unterricht einsetzen möchte, sollte allerdings selbst Erfahrung mit kontemplativer Praxis haben oder einen kontemplativ Erfahrenen hinzuziehen. Es ist gut möglich, die theoretischen Grundlagen der Kontemplationstechnik in einer Unterrichtsstunde zu vermitteln, für eine konkrete Einführung in die Praxis des stillen Sitzens sollte aber mindestens eine zweite Unterrichtsstunde, besser ein ganzer Vor- oder Nachmittag zur Verfügung stehen.

Der konkrete Verlauf könnte wie folgt aussehen: Erklären und Ausprobieren der unterschiedlichen Sitzmöglichkeiten (Hocker, Kissen, Fersen- bzw. viertel, halber oder ganzer Lotussitz).

* Erläuternde Bemerkungen zu Tradition und Praxis christlicher Kontemplation
* Geführte Anleitung ins kontemplative Gebet mittels eines Meditationswortes
* Geführte Anleitung kontemplativer Betrachtung als „Schauen ins nackte Sein"[3]
* Stille Praxis, d.h. stille Sitzeinheiten, die sich von anfänglich 10 bis maximal 25 Minuten steigern können. Dazwischen jeweils ca. 5 Minuten achtsames Gehen, also langsames Gehen im Kreis, bei dem die „Meditationswortübung" bzw. die Übung des „Schauens ins nackte Sein" beibehalten wird.

Der Kompetenzerwerb einer solchen Einführung in die kontemplative Meditation besteht in der Befähigung, die Übung der Kontemplation selbstständig praktizieren zu

---

3	Eine gesprochene Anleitung für diese beiden Weisen der Einführung in das kontemplative Gebet findet sich auf der Begleit-CD des Buchs *Jenseits von Gott: Wege der Mystik* von Jäger (2012).

können. Verbunden damit besteht für die Übenden die Möglichkeit, die Wahrnehmung für den gegenwärtigen Moment zu schärfen, innere und äußere Prozesse als solche zu erkennen, ohne sich mit diesen zu identifizieren (Desidentifikation). Geschärfte Achtsamkeit führt dazu, dass Schwierigkeiten im Leben, private wie berufliche, auf neue Weise wahrgenommen und bewertet werden können. Einzelhändlerinnen und Einzelhändler können so z.B. in die Lage versetzt werden, ruhig zu reagieren, wenn sie durch genaue Beobachtung realisieren, dass der Grund für das unflätige Aufbrausen des Kunden nichts mit ihrer Person oder ihrem Handeln zu tun hat, sondern möglicherweise den Lebensumständen ihres Gegenübers geschuldet ist. Die Praktizierenden können so zur Erfahrung einer größeren Freiheit gelangen und bei anhaltender Übung kann es gelingen, in der Umtriebigkeit des Lebens immer wieder den Quellgrund von Ruhe und Stille aufzuspüren.

4.   Zum Lernerfolg – Evaluation

Den Lernerfolg meditativer Praxis zu beschreiben, ist schwierig. Natürlich könnte überprüft werden, ob die vermittelnden Sitzhaltungen bzw. das Verständnis der theoretischen Ausführungen angekommen sind. Aber darum geht es natürlich nicht, wie es bei der kontemplativen Praxis überhaupt nicht um irgendeinen Erfolg geht. Das zu verstehen, wäre allerdings ein Erfolg. Für Einsichten dieser Art braucht es in der Regel die andauernde Übung („Betet ohne Unterlass", 1 Thess 5,17; vgl. Lk 18,1). Aber oft fällt schon die Entscheidung für die regelmäßige Übung zu schwer, was nicht heißen muss, dass sie niemals erfolgt. Wie der Autor dieses Artikels aus eigener Erfahrung weiß, kann der Beginn regelmäßiger Praxis auch noch Jahre nach einer ersten Einführung erfolgen. Schön wäre es natürlich, wenn der Eine oder die Andere für sich selbst einen Raum der Stille finden, einrichten oder gar in Schule oder Betrieb für einen solchen initiativ werden würde.

Literatur

Geisel, S. (2011). Was ist Lärm? *Das Baugerüst: Zeitschrift für Mitarbeiterinnen und Mitarbeiter in der evangelischen Jugendarbeit und außerschulischen Bildung, 11,* 14–17.

Neeb, A. (2008). *Lernwege in die Stille: Ein Konzept zur Heranführung von Schülern gewerblich-technischer Bildungsgänge an die ästhetisch-religiöse Dimension der Stille.* Schriftliche Hausarbeit für das Lehramt am Berufskolleg, erstellt am Studienseminar für Lehrämter an Schulen Köln, Seminar für das Lehramt am Berufskolleg.

Bundesministeriums für Umwelt, Naturschutz und Reaktorsicherheit (Hrsg.). *Luft – Lärm – Verkehr.* http://www.bmu.de/themen/luft-laerm-verkehr/laermschutz/ [04.11.2013].

Jäger, W. (2012). *Jenseits von Gott: Wege der Mystik.* Holzkirchen: Wege der Mystik.

Johannes Gather

„Muslimischer gesetzlicher Feiertag in Deutschland?"

Kompetenzorientiert lernen mit Portfolio

„Der Islam gehört zu Deutschland." Dieser Satz des damaligen Bundespräsidenten Christian Wulff in seiner Rede zum 20. Jahrestag der Deutschen Einheit am 3. Oktober 2010 hat für viel Diskussionsstoff in der Bundesrepublik gesorgt und heftige Debatten ausgelöst. Er fand gleichermaßen Zustimmung und Ablehnung. Sein Nachfolger Joachim Gauck übernahm im Mai 2012 zwar den Satz nicht in dieser Formulierung, sagte aber: „Und die Wirklichkeit ist, dass in diesem Lande viele Muslime leben. [...] Ich hätte einfach gesagt, die Muslime, die hier leben, gehören zu Deutschland" (Die Zeit, 31.05.2012). Bundeskanzlerin Angela Merkel hingegen übernahm diesen Satz. Sie plädierte im September 2012 „für mehr Toleranz gegenüber den mehr als drei Millionen Muslimen in der Bundesrepublik. ,Wir sollten da ganz offen sein und sagen: Ja, das ist ein Teil von uns', sagte Merkel" (Spiegel online, 26.09.2012). Je nach Quelle leben drei bis vier Millionen Muslime in Deutschland, das sind ca. 5% der Gesamtbevölkerung.

Die muslimische Ahmadiyya-Gemeinde wurde im Bundesland Hessen seit Juni 2013 offiziell den christlichen Kirchen und der Jüdischen Gemeinde entsprechend als Religionsgemeinschaft und Körperschaft des öffentlichen Rechts anerkannt, mit allen steuerrechtlichen und verwaltungsrelevanten Konsequenzen (Focus, 13.06.2013). Nordrhein-Westfalen hat 2012 als erstes Bundesland islamischen Religionsunterricht als ordentliches Lehrfach eingeführt (Spiegel online, 26.11.2012). Die Diskussion um die Einführung eines bundesweit gesetzlichen muslimischen Feiertags besteht seit Jahren. Bremen und Hamburg haben dazu in Ansätzen Fakten geschaffen. Unter dem Titel „Neue Rechte für Hamburgs Muslime" war in einer örtlichen Zeitung zu lesen, dass in Hamburg nach jüngstem Entscheid der Bürgerschaft Muslime das Recht haben, „an drei nicht gesetzlichen Feiertagen zur Ausübung ihrer Religion von der Arbeit freizunehmen" (Hamburger Morgenpost, 14.06.2013). Die Regelung dazu ist vergleichbar mit der für evangelische Christen am Buß- und Bettag: Man kann an dem jeweiligen Tag entweder Urlaub nehmen, nacharbeiten oder auf Lohn verzichten.

Der Buß- und Bettag hatte 14 Jahre lang den Status eines vollwertigen gesetzlichen Feiertags. 1995 wurde er bundesweit (mit Ausnahme von Sachsen) als gesetzlich arbeitsfreier Tag abgeschafft. Grund war die neu eingeführte Pflegeversicherung. Durch die Abschaffung des Buß- und Bettags als gesetzlich arbeitsfreien Feiertag sollten die Arbeitgeber bei der Mitfinanzierung der neu eingeführten Pflegeversicherung als Pflichtversicherung entlastet werden.

Im Jahre 1990 wurde der Tag der Deutschen Einheit vom 17. Juni auf den 3. Oktober verlegt, ersterer wurde wieder normaler Arbeitstag, der 3. Oktober als gesetzlicher Feiertag ein arbeitsfreier.

Die Beispiele zeigen, dass die Einführung, Abschaffung oder Verlegung eines arbeitsfreien gesetzlichen Feiertags, falls es politisch gewollt ist, durchaus mittels Parlamentsbeschluss möglich ist.

Warum sollte man also nicht über die Einführung eines gesetzlichen muslimischen Feiertags nachdenken? Unter Berufung auf die grundgesetzlich gesicherte Religionsfreiheit, die das Recht auf freie Religionsausübung und die Gleichbehandlung von Menschen unabhängig von Religionszugehörigkeit beinhaltet, ist zu fragen, ob man nicht auch dem muslimischen Teil der Bevölkerung in Deutschland einen eigenen gesetzlichen Feiertag zugestehen sollte. Warum sollte man nicht, um die Wirtschaft damit nicht zu sehr zu strapazieren, stattdessen einen christlichen Feiertag abschaffen? Diskutiert wird in diesem Kontext beispielsweise über Christi Himmelfahrt oder Pfingstmontag. Beide sind bundesweit arbeitsfreie Feiertage und sie werden von einem überwiegenden Teil der Bevölkerung nicht als religiöse Feiertage sondern als Freizeit-Feiertage genutzt. Fronleichnam oder Allerheiligen würden sich dazu nicht eignen, da sie nicht in allen Bundesländern arbeitsfreie Feiertage sind. Es ist zu vermuten, dass der ursprüngliche Sinn mancher christlicher Feiertage bei einem Großteil der Menschen in Deutschland nicht (mehr) präsent oder nicht nachvollziehbar ist. Erfahrungen aus Gesprächen mit Schülerinnen und Schülern im Religionsunterricht bestätigen diese Vermutung.

Die Anforderungssituation:

Der Fachoberschüler Marc F. erlebt an seinem Praktikumsplatz, dass die Mitarbeiter sich über die Feiertagsregelung in Deutschland unterhalten und streiten. Der Chef sagt, dass wir viel zu viele Feiertage in Deutschland hätten, das könne sich doch kein Betrieb leisten. Die Kollegen sehen das anders, sie finden die Feiertagsregelung ganz in Ordnung so und möchten ungern auf die freien Tage verzichten. Einer Kollegin sind die religiösen Feiertage ganz wichtig. Marc schaut sich dazu im Internet um und findet in einem Forum unter dem Thema „Muslimischer Feiertag in Deutschland? – Pro und Contra" die folgende Anfrage: „Wie der eine oder andere vielleicht schon mitgekriegt hat, haben Politiker vorgeschlagen, einen christlichen Feiertag durch einen muslimischen (z.B. am Ende des Ramadan) zu ersetzen. Nun bekommen sie dafür Kritik von allen Seiten. Mich würde interessieren, was ihr von dem Vorschlag haltet. Total daneben? Oder ein sinnvoller Beitrag zum Mehrkulturen-Staat? Oder was auch immer ihr darüber denkt …" Marc hat den Eindruck, dass er bei den Gesprächen seiner Kollegen besser mithalten kann, wenn er sich dazu eine eigene Meinung bildet. Und überhaupt …

Durch die Bearbeitung dieser Anforderungssituation werden die Verständigungskompetenz, die Urteils- und Entscheidungskompetenz, die Deutungskompetenz sowie die Gestaltungskompetenz gefordert. Die Schülerinnen und Schüler ermitteln und erwerben Kenntnisse über die verschiedenen christlichen und muslimischen Feiertage (Wissen), machen die erworbenen Kenntnisse den Mitschülern verständlich (Kommunikation), entdecken zeitgemäße religiöse Bedeutungen der Feiertage vor dem Hintergrund von Tradition und Kultur (Wahrnehmung und Deutung), finden auf der Grundlage der Informationen zu einer begründeten Entscheidung (Urteilsbildung) und entwickeln Gestaltungsoptionen für einen persönlichen angemessenen Umgang mit einzelnen Feiertagen (Handlung). Sie können ihr hier erworbenes religiöses Wissen kritisch auf ihr Handeln und ihre Sicht der Welt beziehen.[1] Als didaktisch-methodisches Instrument empfiehlt sich beispielsweise das Portfolio (Kemmler, 2011a, S. 22–24).

Didaktische Hinweise zur Arbeit mit dem Portfolio

Das Portfolio als zielgerichtete und strukturierte Sammlung von Lernergebnissen wird von den Schülerinnen und Schülern im Laufe des Lernprozesses, zu dem die Anforderungssituation anstößt, individuell zusammengestellt und mit eigenen Anmerkungen versehen. Mit Hilfe eines interreligiösen Kalenders werden die christlichen und die muslimischen Feiertage identifiziert und aufgelistet. Ein Arbeitsplan wird erstellt, wer welchen Feiertag übernimmt und in welcher Arbeitsteilung (Einzelarbeit, Partner- oder Gruppenarbeit) gearbeitet werden soll. Die Schritte der Portfolioarbeit sind die folgenden (Born & Lemarie, 2009, S. 10–12):

1. Thema bestimmen: Dazu können Leitfragen dienen wie zum Beispiel:
   - Zeit/Datum:
     Gibt es immer ein festes Datum? Welches Datum in diesem Jahr? Gibt es eine Erklärung dafür, dass der Feiertag genau an diesem Datum ist? Wonach richtet sich der Zeitpunkt des Festes?
   - Ursprung/Entstehung, Sinn/Bedeutung:
     Seit wann gibt es diesen Feiertag? Aus welchem Anlass ist er entstanden? Was genau wird an diesem Tag gefeiert? Wie wird der Tag gefeiert (früher/heute)?
   - Symbole /Bilder:
     Welche Gegenstände, Symbole, Zeichen, ... gehören typischerweise zu diesem Fest (z.B. Weihnachtsbaum)? Wieso eigentlich? Was hat das mit dem Sinn des Festes zu tun?
   - Bräuche:
     Gibt es bestimmte Bräuche, die an diesem Feiertag üblich sind (etwas was man immer dann und – fast – nur dann macht)?

---

1   Vgl. Sekretariat der Deutschen Bischofskonferenz (o.J., S. 21). Der GLP nennt unter dem fünften Themenbereich „Religion und Kirche. Zwischen persönlicher Religiosität und kirchlichem Glauben" inhaltliche Anknüpfungsmöglichkeiten an die genannte Anforderungssituation.

2. Informationsmaterial sammeln: Es muss überlegt werden, auf welche Weise man Informationen über die verschiedenen Feiertage beschaffen kann. Je nach Fähigkeit der Lernenden suchen sie selbst Informationsquellen oder die Lehrperson gibt ihnen ausgewähltes Informationsmaterial zur Hand (Literatur, Lexika, Internetseiten, Kopien, Bilder, Symbole etc.).

3. Material sichten und reflektieren: Die Lernenden können zu „ihrem" Feiertag zentrale Erkenntnisse herausarbeiten, die in den jeweiligen Portfolios gesammelt werden. „Vielfältige Formen der Verarbeitung sind möglich: Texte markieren, ausschneiden, abschreiben, kommentieren, zusammenfassen, Tabellen anlegen, Überschriften finden ..." (ebd., S. 11). Die Fragestellung der Anforderungssituation sollte dabei im Blick gehalten werden: Ist dieser Feiertag so wichtig, dass ich dafür plädieren würde, ihn als gesetzlichen Feiertag beizubehalten bzw. einzuführen und was sind meine/unsere Gründe dafür/dagegen?

4. Portfolio gestalten: Dies kann in vielfältiger kreativer Form geschehen: mit Plakaten, mit einer „Werbemappe", mit einem Flyer, mit einer Infobroschüre, mit einer Powerpoint-Gestaltung, mit Musik, mit Demonstrationsmaterial, mit Liedern, Geschichten, Texten oder Erlebniserzählungen ...

5. Portfolio-Produkte reflektieren, bewerten und überarbeiten: Eine erste Sichtung dessen, was die anderen gemacht haben und wie sie es gemacht haben, weitet den Blick und gibt Anregungen für die Überarbeitung des eigenen Portfolios. Das verhindert, dass die Lernenden oder die Lerngruppen zu schnell und – im wörtlichen Sinne – zu leicht-fertig sind.

6. Portfolio fertig stellen und präsentieren: Dazu sollte ein zeitlicher Rahmen gesteckt werden, damit sich die Präsentationen nicht zu lange hinziehen. Andererseits sollten alle Ergebnisse Beachtung und Wertschätzung erfahren und angemessen gewürdigt werden können.

7. Schlussfolgerungen und Meinungsbildung in Bezug auf die Anforderungssituation: Nach den jeweiligen Kurzpräsentationen hat jede Schülerin und jeder Schüler die Gelegenheit für eigene persönliche Notizen – etwa zu der Frage: Wie bedeutsam ist mir dieser Tag, so dass ich der Meinung bin, er soll ein gesetzlicher arbeitsfreier Feiertag in ganz Deutschland bleiben oder werden?

Nach dieser Lernzeit über Sinn und Bedeutung der Feiertage haben die Schülerinnen und Schüler Wissen und Können erworben, um die Anforderungssituation abschließend bearbeiten zu können. Ihre Notizen und die Informationssammlungen in den Portfolios ermöglichen am Ende des Erarbeitungs- und Lernprozesses ein persönliches und in der Lerngruppe dann zu diskutierendes Votum, welche religiösen gesetzlichen Feiertage wir in Deutschland brauchen, ob die Einführung eines muslimischen Feiertags begründbar und sinnvoll wäre, ob dieser dann an Stelle eines christlichen Feiertags eingeführt werden sollte.[2]

---

2   Zur praktischen Umsetzung der Portfolioarbeit im RU vgl. auch Richter (2010, S. 137–140); Gandlau (2011, S. 86ff.).

Bewertungsbogen Portfolio[3]

Name: _____

Thema/Forschungsfrage: _____

Kriterien \ Beurteilung	trifft voll zu	trifft teilweise zu	trifft überwiegend nicht zu	trifft gar nicht zu	Punkte max	davon	Bemerkungen
Inhalt							
Die Darstellung des Themas ist aussagekräftig und angemessen komplex.					5		
Die Gliederung ist selbständig erarbeitet.					5		
Die Begründung zur Gliederung greift die Problemstellung/ Fragestellung auf.					5		
Das Thesenpapier enthält die wichtigsten Aussagen und ist fachlich korrekt.					15		
Der Stichwortzettel ist aussagekräftig und fachlich gehaltvoll.					15		
Prozess							
Der Recherchebericht ist aussagekräftig.					5		
Die Reflexion enthält Aussagen im Hinblick auf den eigenen Arbeitsprozess, auf den eigenen Erkenntnisgewinn und auf die Zusammenarbeit.					5		
Die Arbeitszeit in den Unterrichtsstunden und selbständigen Lernzeiten wurde effektiv genutzt.					9		

---

3   Entnommen aus Kemmler (2011b, S. 18).

Beurteilung / Kriterien	trifft voll zu	trifft teilweise zu	trifft überwiegend nicht zu	trifft gar nicht zu	Punkte		Bemerkungen
					max	davon	
Präsentation							
Das Portfolio ist ansprechend gestaltet.					5		
Das Portfolio ist sprachlich einwandfrei gestaltet.					10		
Die Präsentationsmedien sind anschaulich gestaltet und fehlerfrei.					8		
Das Thesenpapier ist gut strukturiert.					5		
Gesamtpunktzahl							
Note							

Datum: Unterschrift:

Literatur

Born, J. & Lemaire, R. (2009). Wie Kinder zu Forschern werden: Portfolioarbeit ist Kompetenzlernen pur. *Religion unterrichten, 1*, 10–12.

Kemmler, A. (2011a). Kompetenzorientierter Religionsunterricht mit Portfolioarbeit. *religionsunterricht an berufsbildenden schulen (rabs), 4*, 22–24.

Kemmler, A. (2011b). Bewertungsbogen Portfolio. *religionsunterricht an berufsbildenden schulen (rabs), 4*, 18.

Gandlau, H. (2011). *Wie Religion unterrichten? Grundlagen und Bausteine für einen qualifizierten Unterricht.* München: dkv.

Richter, H. (2010). Portfolio im Religionsunterricht. *Loccumer Pelikan, 3*, 137–140.

Sekretariat der Deutschen Bischofskonferenz (Hrsg.) (o.J.). *Grundlagenplan (GLP) für den Katholischen Religionsunterricht an Berufsschulen.* München: dkv.

Johannes Gather

„Die vier Elemente Feuer, Wasser, Luft und Erde in Farben sehen"

Kompetenzorientierter Religionsunterricht mit den Phasen der vollständigen Handlung

Die Anforderungssituation:

Die Stadtverwaltung von Wiesenfurth startet einen Ideenaufruf an die Bevölkerung: In der Innenstadt soll ein gemütlicher ruhiger Platz neu gestaltet werden. An einer Seite des Platzes befindet sich eine alte weiße Klostermauer. Auf dieser Mauer sollen unter dem Motto „Die vier Elemente in Farben sehen" zu jedem der vier Elemente Feuer, Wasser, Luft und Erde vier Bildgestaltungen angebracht werden, die etwas *von der symbolischen Bedeutung des jeweiligen Elements* wiedergeben. Gewünscht ist eine abstrakte (nicht gegenständliche) Malerei, bei der Farben und Formen die alleinigen Ausdrucksmittel sein sollen. Die Bilder sollen eine Größe von 3 x 3m haben. Auf der gegenüberliegenden Seite der Klosterwand befindet sich ein Café, dessen Besucher sich von den Bildern angesprochen fühlen sollen.
Bis zu einem angegebenen Stichtag sollen Entwurfsfassungen als Vorschläge eingereicht werden und zwar auf Gipsplatten in einer Mustergröße von 80 x 80cm.

Die Bearbeitung dieser Anforderungssituation eignet sich für eine Kooperation mit dem berufsbezogenen Lernbereich in Bildungsgängen aus dem gestaltungstechnischen Bereich. Aber auch für Lerngruppen mit anderen Berufsorientierungen bzw. auch in Vollzeitklassen ist dieses Projekt geeignet, geht es dabei doch darum, über das Verstehen von und das Gestalten mit Farben Symbolkompetenz zu erwerben. Farbsymbolik bietet den Schülerinnen und Schülern einen Zugang zu erkennen, dass es eine vordergründige und eine hintergründige Wirklichkeit gibt, die im Symbol zusammenkommt (sym-bol = zusammenwerfen) (Schöpf, 2005). Durch Symbole bekommt das Unsichtbare einen sichtbaren Ausdruck (Biesinger, 1995). Ein Symbol versucht also, einen Gedanken, ein Gefühl, eine Idee, eine Sehnsucht, … bildhaft auszudrücken, denn: „Alle Dinge, die wir sehen, können wir doppelt anschauen: als Tatsache und als Geheimnis. Aus dem Wirklichen erwächst das Erstaunliche" (Oberthür, 2009, S. 8). Sensibilität für das Geheimnishafte des Lebens zu entwickeln, ist die Herausforderung an Religion (Knobloch, 2006, S. 101). Folgt Religionsunterricht diesem Gedanken, so kann er Schülerinnen und Schülern zur Förderung einer solchen Sensibilität Wege eröffnen. Er ermöglicht ihnen, ein wenig das verborgene Geheimnis des Menschen zu bergen (ebd., S. 119ff.) und zugleich „in Demut zu akzeptieren, dass es nie ganz zu bergen ist" (Gather, 2012, S. 1). Schülerinnen und Schüler – so die Beobachtung vieler Religionspädagogen – sind nur sehr eingeschränkt fähig, Sinnbilder für die unsichtbare Lebenswirklichkeit (das Geheimnishafte des Lebens) wahrzunehmen, zu verstehen bzw. für sie eine Sprache zu finden. Sie benötigen eine Seh- und Sprachschule für die hintergründigen Dimensionen des Lebens (Symbolerschließung). Die Symbolsprache der Farben und Ausdrucksformen durch Farben zu entdecken, bietet ihnen Zugangswege dazu. Sie können in der exemplarischen Auseinandersetzung mit Feuer, Wasser, Luft und Erde begreifen: Symbole erzählen vom Leben, Symbole erzählen Geschichten, Symbole erzählen in Bildern, Symbole wecken Geschichten von meinem Leben in mir, Symbole können Phantasie wecken, in Symbolen kann ich meine Geschichten vom Leben und mit Gott entdecken, Symbole erzählen … Durch die Bearbeitung dieser Anforderungssituation werden die Kompetenzbereiche „Wahrnehmungs- und Deutungskompetenz" sowie „Verständigungskompetenz" besonders gefördert.

Als didaktischer Weg eignen sich die Phasen der vollständigen Handlung, wie sie für das handlungsorientierte Lernen entwickelt wurden. Die sechs Schritte Informieren, Planen, Entscheiden, Ausführen, Kontrollieren und Bewerten (Schöpf, 2005, S. 18ff.) werden im Folgenden mit Blick auf die zu bearbeitende Anforderungssituation durch ein paar exemplarische Leitfragen und didaktisch-methodische Hinweise bedacht und konkretisiert.

1. Informieren
Welche Informationen werden benötigt, um die Anforderungssituation qualifiziert bearbeiten zu können? Was verbindet der/die Einzelne assoziativ mit Feuer, Wasser, Luft und Erde als Symbol? In welchen Farben lassen sich Feuer, Wasser, Luft und Erde denken? Diese Frage schützt davor, nur „einfarbig" zu denken und soll zur Phantasie für eine breitere Farbpalette zu den vier Elementen anstoßen.

2. Planen
In dieser Arbeitsphase müssen die Schülerinnen und Schüler je nach Wissens- und Informationsstand von der Lehrperson mehr oder weniger angeleitet und begleitet werden. Die Verantwortung für die Unterrichtsplanung und -durchführung liegt nach wie vor in der Hand der Lehrperson. Sie soll den Schülerinnen und Schülern Freiräume ermöglichen, die diese für ihre individuellen und gemeinsamen Lern-Prozess-Gestaltungen nutzen. Bei der Planung muss insbesondere berücksichtigt werden, dass es entscheidend um die symbolische Aussagekraft der Elemente geht. Diese muss sorgfältig und umfassend erarbeitet werden.

a) inhaltliche Leitfragen:
In welchen religiösen, kulturellen oder rituellen Kontexten begegnen uns die vier Elemente (bspw. bei religiösen Festen, liturgischen Handlungen, kulturellen und/oder sportlichen Ereignissen, …)? In welchen Geschichten und Erzählungen (Märchen, biblische Erzählungen, Filme, …) kommen Feuer, Wasser, Luft oder Erde vor? Wo und wie finde ich notwendige Informationen dazu? Hier könnte ein assoziatives Schreibgespräch oder eine Mind-Map weiterhelfen.

b) handwerkliche Leitfragen:
Welches Handwerkszeug benötige ich, um einen Vorentwurf für die zu bearbeitende Anforderungssituation zu erstellen (Ölkreide, Wasserfarbe, große Bögen Zeichenpapier, …)?

c) methodische Leitfragen:
Welche Möglichkeiten der arbeitsteiligen Kooperation gibt es für die Gesamtgruppe? Wie erreicht die Lerngruppe auf kreative und effektive Weise eine möglichst große Anzahl an verschiedenen Vorschlägen für das Handlungsprodukt „Bildvorschläge"?

3. Entscheiden
Eine To-do-Liste und ein Arbeitsplan werden erstellt. Die Verantwortlichkeiten werden klar zugewiesen. Wer kümmert sich um was? Wer übernimmt welches Element? Schließt man sich in Vierergruppen zur gemeinsamen Arbeit an den vier Elementen zusammen?

4. Ausführen
Das ist die Experimentierphase. In dieser Phase fließen die erarbeiteten Informationen in die Ausdrucksgestaltung ein. Hier werden die Eindrücke, die aus den Informationen erworben wurden, in Farbe umgesetzt.

5. Kontrollieren
Die (Zwischen)Ergebnisse der Gestaltungsarbeit werden anderen aus der Lerngruppe zum „Gegenlesen" vorgelegt. Sie geben Feedback zu dem, was sie von der Symbolik des jeweiligen Elements in dem „Kunstwerk" erkennen, wie es auf sie wirkt und inwiefern es den Anforderungen genügt. Auf der Grundlage dieses Feedbacks und der eigenen Einschätzung, Fremd- und Selbsteinschätzung abwägend, entscheidet der/die „Künstler/in" darüber, ob noch Veränderungen vorgenommen werden sollen.

6. Bewerten
In einer „Vernissage" werden die Werke endgültig präsentiert, begutachtet und wertgeschätzt. Dabei haben die Betrachter auch Anteil an den Gedanken, die sich die Gestaltungsperson dazu gemacht hat. Diese muss nämlich erläutern, welcher Symbolgehalt des Elements dargestellt worden ist und woran das erkennbar ist. Sie hat so die Aufgabe, werbend und empfehlend auf ihr Werk aufmerksam zu machen. Die Betrachter überprüfen, ob und inwiefern das Handlungsprodukt für eine Verwendung gemäß der Anforderungssituation geeignet ist.

Literatur

Biesinger, A. (1995). *Gott in Farben sehen: Die symbolische und religiöse Bedeutung der Farben*. München: Kösel.
Gather, J. (2012). Religiöse Sehnsucht in Popmusik und Videoclips. *:in Religion, 4*, 1–34.

Knobloch, S. (2006). *Mehr Religion als gedacht! Wie die Rede von der Säkularisierung in die Irre führt.* Freiburg i.Br.: Herder.

Oberthür, R. (2009). *Das Buch der Symbole: Auf Entdeckungsreise durch die Welt der Religion.* München: Kösel.

Riedel, I. (1998). *Farben: In Religion, Gesellschaft, Kunst und Psychotherapie.* Stuttgart: Kreuz.

Schöpf, N. (2005). *Ausbilden mit Lern- und Arbeitsaufgaben.* Bielefeld: Bertelsmann.

Die Zukunft des RUaBS

Johannes Gather

Lehrerkompetenzen für einen kompetenzorientierten Religionsunterricht an berufsbildenden Schulen

Lernbegleiter statt Stoffvermittler, so wird gerne plakativ die Rollenveränderung der Lehrperson im Unterricht bezeichnet. Es gibt berechtigterweise gleichermaßen Zustimmung und Widerstand gegen diesen sehr vereinfachten Denkansatz und es bedarf einer genaueren Betrachtung, was denn damit gemeint sein könnte, denn – wie so oft – liegt die Wahrheit nicht in den Extremen. Hinsichtlich der Rolle von Religionslehrerinnen und Religionslehrern an berufsbildenden Schulen gilt es, verschiedene Entwicklungsperspektiven zu berücksichtigen, nämlich solche aus der Berufspädagogik, aus der Allgemein- und Schulpädagogik und aus der schulformübergreifenden Religionspädagogik, die dann für die berufsorientierte Religionspädagogik gefiltert und durchdacht werden müssen. Was also genau ist die Rolle der Lehrperson im Religionsunterricht der berufsbildenden Schule und welche Kompetenzen braucht sie, um kompetenzorientiert unterrichten zu können?

Die Perspektive der Berufspädagogik

Die Arbeitswissenschaften stellten in den 1970er Jahren die vernichtende Diagnose, dass das Fachwissen in der Krise sei. Der Arbeitsmarkt- und Berufsforscher Dieter Mertens provozierte 1974 die Berufspädagogik dazu, über die Bildungsarbeit in der beruflichen Bildung grundsätzlich neu nachzudenken. „Schlüsselqualifikationen" müssten erworben werden, damit der Zerfallszeit von Bildungsinhalten und von zu eng arbeitsplatzbezogenen Qualifikationen entgegengewirkt werde (Mertens, 1974, S. 36–43). Die Anforderungen an berufstätige Menschen seien zu komplex geworden, als dass sie durch die Vermittlung von rein zu reproduzierenden arbeitsablaufbezogenen Fertigkeiten dauerhaft erfüllt werden könnten. Ein berufsorientiertes Abstraktionsniveau und der Erwerb der Fähigkeit, dass Berufstätige ihre Arbeit selbst besser organisieren, reflektieren und evaluieren können, müsse zum festen Bestandteil beruflicher Bildung werden. Berufliche Bildung müsse sich „für die Bewältigung […] von meist unvorhersehbaren Änderungen von Anforderungen im Laufe des Lebens eignen" (Reetz & Reitmann, 1990, S. 19).

Für den Bereich der schulischen Berufsbildung war die wissenschaftliche Erforschung und die praktische Umsetzung des handlungsorientierten Lernens als didaktisches Prinzip die Konsequenz. Die daraus entwickelte Lernfelddidaktik nahm ihren inzwischen selbstverständlichen Einzug in die Lehrpläne und in die didaktischen Jahresplanungen der Schulen. Gemeint war damit ein Lernen, das sich an komplexen Handlungsanforderungen aus der Berufswelt orientiert, sogenannten Handlungssituationen aus verschiedenen sogenannten Handlungsfeldern, für den Unterricht didaktisch aufbereitet in Lernsituationen bzw. Lernfeldern. Damit sollte ein möglichst selbst organisiertes Lernen und eine möglichst umfassende Handlungskompetenz bei den Lernenden erreicht werden. Bereits 1989, also ganz zu Beginn der Entwicklung, wurde diagnostiziert, dass dieser neue Lernansatz eine Veränderung in der Rolle der Lehrperson bedeute: „In diesem Zusammenhang stellt sich die Frage, wie sich die Rolle des Ausbilders und Lehrers ändert, wenn Prozesswissen vor Bereichswissen, Methodenkönnen vor Faktenwissen, Fähigkeiten vor Fertigkeiten, Denken vor Tun in der heutigen Arbeitswelt rangieren" (Peters & Tappmeyer, 1990, S. 244). Als erste vorläufige Antwortperspektiven werden beispielsweise genannt, dass die Lehrperson ihre Fachautorität zurücknehme, sie selbständige Lernprozesse fördere und dazu Lernarrangements zu gestalten habe, keine Lösungsmuster vorführe, entdeckendes Lernen ermögliche und Selbstprüfung durch die Lernenden gestalte (Tappmeyer, 1990, S. 260–261) – Grundgedanken, aus denen sich später das didaktische Lernprinzip der vollständigen Handlung entwickelt hat.[1]

Die Perspektive der allgemeinen Schulpädagogik

Die von der Kultusministerkonferenz unter dem Eindruck der ersten Pisa-Studie im Jahre 2000 beschlossenen Standards für die Lehrerbildung enthält einen „Katalog", der „die Kompetenzen [von Lehrerinnen und Lehrern] auf der Grundlage der Anforderungen beruflichen Handelns im Lehramt" (KMK, 2004, S. 7) beschreibt. In vier Kompetenzbereichen (Unterrichten, Erziehen, Beurteilen, Innovieren) werden insgesamt 11 Kompetenzen aufgeführt, bei denen es u.a. um didaktische Kompetenz, um Kommunikationsfähigkeit, um Selbstreflexions- und Evaluationskompetenz, Wertekompetenz, Förder-, Beratungs- und Beurteilungskompetenz geht. Diese Kompetenzbeschreibungen fanden in modifizierter Gestalt Einzug in die Ländervorgaben für die Aus-, Fort- und Weiterbildung von Lehrerinnen und Lehrern. So beschreibt beispielsweise das NRW-Kerncurriculum für die Lehrerausbildung 6 Handlungsfelder (in einer früheren Ausführung von 2004 wurden sie noch Lehrerfunktionen genannt) in Anlehnung an die Kompetenzbereiche des KMK-Beschlusses:

1) Unterricht gestalten und Lernprozesse nachhaltig anlegen,
2) den Erziehungsauftrag in Schule und Unterricht wahrnehmen,
3) Leistungen herausfordern, erfassen, dokumentieren und beurteilen,
4) Schülerinnen und Schüler und Eltern beraten,
5) Vielfalt als Herausforderung annehmen und Chancen nutzen sowie
6) im System Schule mit allen Beteiligten entwicklungsorientiert zusammenarbeiten (Ministerium für Schule und Weiterbildung des Landes NRW, 2011).

In den näheren Ausführungen dazu werden Leit- und Konzeptideen eines kompetenzorientierten Unterrichtens und die diesbezügliche Rolle der Lehrperson erläutert.

---

1 Führende Berufspädagogen der letzten Jahre, u.a. Rolf Arnold, Reinhard Bader und Peter F.E. Sloane, haben die Frage nach den veränderten Anforderungen an Lehrende für ein handlungs- und kompetenzorientiertes Lernen in der beruflichen Bildung intensiv diskutiert.

Die Pädagogik hat die KMK-Vorgaben von 2004 wissenschaftlich weiter entwickelt und nimmt dabei inzwischen auch verstärkt die Frage nach den Kompetenzen von Lehrkräften für einen kompetenzorientierten Unterricht in den Blick. So befasst sich Herbert Gudjons mit didaktischen Fragen der Unterrichtsgestaltung und der veränderten Lehrerrolle bei einem handlungsorientierten Lehr-Lern-Arrangement, bei dem es um möglichst selbstgesteuertes Lernen geht, sowie mit der neuen Unterrichtskultur und dem Lehrerbild im Wandel der Zeit (Gudjons, 2006). Darüber hinaus werden in der aktuellen Diskussion Lehrerkompetenzen unter lernpsychologischen Aspekten[2] gleichermaßen betrachtet wie unter dem Fokus der konstruktivistischen Didaktik (Reich, 2008, S. 22–40) Die moderne Unterrichtsforschung untersucht die veränderte Lehrerprofessionalität beim prozessbezogenen Lernen sowie die Kompetenzanforderungen an Lehrpersonen für einen erfolgreichen an Bildungsstandards orientierten Unterricht (Helmke, 2012; Meyer, 2010; Teschekan, 2011). Nicht alles an diesen Erkenntnissen ist neu – es wurde ja schließlich auch früher schon erfolgreich unterrichtet, aber sie erscheinen in einem neuen Kontext und im Licht eines im Grundsatz veränderten Lehr-Lern-Verständnisses, das sich noch stärker als bisher vom input-gesteuerten Lehren zu einem outcome-orientierten Lernen hinbewegt.

Die Perspektive der schulformübergreifenden Religionspädagogik

Die KMK definiert Lehrerkompetenzen allgemein als „Fähigkeiten, Fertigkeiten und Einstellungen, über die eine Lehrkraft zur Bewältigung der beruflichen Anforderungen verfügt" (Sekretariat der Ständigen Konferenz der Kultusminister, 2004, Kap. 2). Die Kompetenzen, die dort im weiteren Verlauf aufgezählt werden, sind weder schulform- noch fachbezogen spezifiziert. Sie sind insofern als eine allgemeine Grundlage zu verstehen, die für verschiedene Lernbereiche und Fächer konkretisiert werden müssen, denn die Anforderungen an Lehrpersonen sind auch immer fachspezifisch. Hinsichtlich des Religionsunterrichts und der Kompetenzen seiner Lehrkräfte sind also fachdidaktische Präzisierungen unabdingbar. Die religionspädagogischen Fachpublikationen setzen sich mit dieser Frage aus unterschiedlichen Blickrichtungen auseinander. Oft geht es dabei um die Qualitätsverbesserung der Aus- und Fortbildung von Lehrerinnen und Lehrern, um deren Aufgabe, um die Kompetenzen, die sie bei Lehramtsstudierenden und Lehrpersonen anstreben, und um das kompetenzorientierte Lehren und Lernen in der Lehrerqualifikation – also um die Reformdiskussion hinsichtlich einer kompetenzorientierten Lehrerbildung (bspw. Doedens & Fischer, 2005; Fischer, 2007; Mette, 2008). Folkert Doedens und Dietlind Fischer boten in der Reformdiskussion um Religionslehrerkompetenzen bereits sehr früh einen Katalog an, der auch heute noch, knapp 10 Jahre nach seiner Entstehung, Beachtung verdient wegen seiner Akzentuierung und seiner fachdidaktischen Begründungen. In sechs Kompetenzbereiche unterteilt findet man wissenschaftlich reflektierte und praxis-

---

2   Siehe dazu bspw. Konrad & Traub (2010) oder das Ruth-Cohn-Institute for RCI (2011).

orientierte Kompetenzen. Die sechs Bereiche sind folgendermaßen überschrieben: (1) Personale Kompetenz, (2) Sachkompetenz, (3) Didaktische Kompetenz, (4) Methodische Kompetenz, (5) Kompetenz für die Beobachtung, Beurteilung und Beratung, (6) Kompetenz zur Kontextualisierung der religionspädagogischen Arbeit (Doedens & Fischer, 2005). Andere gehen aus von empirischen Untersuchungen über Selbsteinschätzungen von Lehrpersonen oder Einschätzungen von Lernenden zu der Frage, wie ein guter Lehrer zu sein habe und was er können solle. Aus den zumeist recht intuitiv scheinenden Äußerungen und deren Analyse werden Rückschlüsse auf die Kompetenzanforderungen an Religionslehrkräfte gezogen und z.B. die vergleichende Frage erörtert, ob denn nun die Fachkompetenz oder die Personal- bzw. Sozialkompetenz von höherer Bedeutung für einen guten Religionsunterricht sei (z.B. Kuld, 2007; Feige, 2007). Bei allen Standardisierungsversuchen kann und darf es aber nicht darum gehen, einen zeitüberdauernden und allgemeingültigen Einheits-Ideallehrer kreieren zu wollen, denn Unterricht (und vielleicht insbesondere der Religionsunterricht) lebt von ausgeprägten Lehrerpersönlichkeiten, die sich durch unterschiedliche Merkmalskomponenten auszeichnen. Aus dieser Einsicht heraus erfordert die Formulierung von Kompetenzanforderungen an die Lehrperson den Respekt vor einem individuellen professionellen religionspädagogischen Habitus. Damit gemeint sind grundlegende Haltungen und eigene Stile, die die Wahrnehmung, das Denken und Handeln einer Lehrperson prägen. Hans Mendl leitet daraus die unbedingte Notwendigkeit ab, dass Religionslehrer bereit und in der Lage sein müssen, sich selbst zu reflektieren und lebenslang zu lernen (Mendl, 2011, S. 224ff.). Andere Publikationen über einen kompetenzorientierten Religionsunterricht gehen eher vom Lehr-Lern-Arrangement aus, also von den methodisch-didaktischen Entscheidungen, nehmen ein diesbezüglich angemessenes Lehrerverhalten in den Blick und leiten aus diesen Überlegungen Anforderungen an die Beziehung und den Umgang der Lehrperson mit den Lernenden sowie an ein (neues) Lehrerrollenverhalten als Kompetenzen ab (z.B. Michalke-Leicht, 2011; Freudenberger-Lötz, 2012, S. 15–18).

In enger Absprache mit der Deutschen Bischofskonferenz und auf der Grundlage der Kirchlichen Anforderungen für die Religionslehrerbildung (Die Deutschen Bischöfe, 2011) wurde ein fachspezifisches Kompetenzprofil ausgearbeitet. Demnach sollen Religionslehrkräfte über ein „grundlegendes Wissen in der Katholischen Theologie und in den angrenzenden Wissenschaften sowie über fachdidaktische Fähigkeiten zur Initiierung, Durchführung und Reflexion von Lern- und Bildungsprozessen im Fach Katholische Religionslehre" (Mette, 2008, S. 19) verfügen. Es wurden im Einzelnen die folgenden theologisch-religionspädagogischen Kompetenzen für Religionslehrkräfte formuliert und erläutert: (1) fachwissenschaftliche Kompetenz, (2) theologische Urteilskraft und theologisch-didaktische Erschließungskompetenz, (3) Entwicklungskompetenz, (4) Rollen- bzw. Selbstreflexionskompetenz, (5) Wahrnehmungs- und Diagnosekompetenz, (6) Gestaltungskompetenz sowie (7) Dialog- und Diskurskompetenz. Diese wurden mit der Arbeitsgruppe für das Fachprofil für Evangelische Religionslehre im ökumenischen Dialog kooperativ abgestimmt (ebd., S. 20–21).

Die Perspektive der berufsorientierten Religionspädagogik

Religionslehrkräfte an berufsbildenden Schulen müssen zweifellos dem Gesamt an Anforderungen entsprechen können, die an Lehrpersonen generell gerichtet sind. Unter Bezugnahme auf das KMK-Berufsleitbild müssen sie also unterrichten, erziehen, beraten, beurteilen, sich ständig weiterbilden und zur Schulentwicklung beitragen können. Darüber hinaus gelten aber auch die Erwartungen an sie, die sich an Religionslehrkräfte generell und an Lehrpersonen an berufsbildenden Schulen allgemein wenden. Sie haben also mit staatlichem Bildungsauftrag und kirchlichem Sendungsauftrag Anteil an der Qualifizierung von Menschen für die Berufs- und Arbeitswelt. Welche spezifischen Anforderungen gibt es nun für diese konkrete Berufsgruppe „Religionslehrer/in an berufsbildenden Schulen" und welche Kompetenzen im Sinne des KIBOR benötigen diese Lehrpersonen, damit sie in der berufsbildenden Schule kompetenzorientiert Religionsunterricht erteilen können? Was muss bei den aus Berufspädagogik, allgemeiner Pädagogik und allgemeiner Religionspädagogik gewonnenen Erkenntnissen über Lehrerkompetenzen für den speziellen Lernort „Religionsunterricht an berufsbildenden Schulen" neu bedacht werden? Welche Spezifizierungen, Modifizierungen bzw. Ergänzungen sind sinnvoll und notwendig? In leicht veränderter Form sollen im Folgenden die Kompetenzbereiche von Doedens und Fischer als Strukturierungshilfe dienen und die KMK-Vorgaben bzw. die kirchlichen Anforderungen werden inhaltlich mit bedacht. In Anlehnung an die Definition der KMK lässt sich eine spezifizierte Definition folgendermaßen formulieren:

Mit Kompetenzen von Religionslehrerinnen und Religionslehrern an berufsbildenden Schulen sind diejenigen Fähigkeiten, Fertigkeiten, Einstellungen und Haltungen gemeint, über die eine Lehrperson verfügt, um Anforderungen eines kompetenzorientierten Religionsunterrichts sowie anderer schulischer Handlungsfelder in der berufsorientierten Bildungsarbeit zu bewältigen.

Dies geschieht auf verschiedenen Anforderungsebenen:
Da dem Religionsunterricht an berufsbildenden Schulen aus den unterschiedlichen gesellschaftlichen Bereichen der an ihm Beteiligten sehr differente Erwartungen (Anfragen, Kritik, widerständige Angriffe, vorbehaltlose Zustimmungen, ideologische Unterstützung, …) entgegentreten, stehen seine Lehrerinnen und Lehrer vor komplexen Herausforderungen. Die Kompetenzformulierungen beziehen sich auf drei systemische Anforderungsebenen: der individuellen Ebene einer Lehrperson (z.B. Habitus, persönliche Einstellung, religiöse Überzeugung, …), der systembezogenen Mikro-Ebene der Schule (z.B. Kultur der Schule, kollegiale Kooperation, Schulentwicklung, Profil bzw. Identität und Image des Religionsunterrichts an der Schule …) und der Makro-Ebene (Berufs- und Arbeitswelt, außerschulische Kontakte, gesellschaftliche Herausforderungen, bildungspolitische Arbeit, kirchliche Kooperationen, …).

Die im Folgenden aufgeführten Kompetenzen sind das Ergebnis eines Reflexionsprozesses in der Fortbildungsarbeit mit Religionslehrerinnen und -lehrern an berufsbildenden Schulen, aus den Erfahrungen eigenen Unterrichts und aus der Auseinandersetzung mit religionspädagogischer Fachliteratur. So listet beispielsweise die EKD in ihren Texten zur Reform der Lehrerbildung unzählige Kompetenzen auf, untergliedert in einzelne Kompetenzbereiche und Teilkompetenzen (EKD, 2008, S. 28–29). Die Fokussierung liegt im Folgenden auf religiösen Lehr-Lern-Prozessen in der berufsbildenden Schule, auch wenn die eine oder andere Kompetenz durchaus auch für andere Schulformen zutreffend ist. Sie sind als Anregungen zu verstehen und stellen nicht den Anspruch auf Vollständigkeit im Sinne von Standards. Sie müssen je nach individuellen, sozialen und regionalen Bezügen unterschiedlich gewichtet, verändert und ergänzt werden.

Personale Kompetenz

Sie beinhaltet die Bereitschaft und Fähigkeit, sich mit Respekt und Achtsamkeit in die persönliche, soziale und berufliche Situation der Lernenden einzufühlen. Die Lernenden in der berufsbildenden Schule haben bereits eigene Lebensentscheidungen getroffen und Lebenseinstellungen entwickelt. Ihre Lebenserfahrungen sind geprägt von sozialer und milieubedingter Herkunft. Mit diesen gilt es respektvoll und behutsam umzugehen und die (religiösen) Lernbedürfnisse der Lernenden wahrzunehmen. Das schließt auch den Respekt vor religiösen Entscheidungen und Begründungen der Schülerinnen und Schüler ein, zumal sie alle religionsmündig sind.

Die Lehrperson bringt eine gereifte und biographisch geprägte eigene Religiosität mit. Sie braucht die Fähigkeit, die eigene Religiosität und das eigene schulische (religions)pädagogische Handeln in reflexiver Distanznahme selbstkritisch zu reflektieren. Vor diesem Hintergrund kann sie das persönliche berufliche Selbstkonzept als Religionslehrerin bzw. Religionslehrer stetig weiterentwickeln.

Das schließt die Fähigkeit und Bereitschaft, die eigene Berufsrolle zu reflektieren, ein: Das Rollenverständnis des Lehrers bewegt sich zwischen Fachexperte, Moderator und Anleiter, der den Prozess und die Struktur des Lehr-Lern-Arrangements leitet und steuert. Er soll sich als Unterstützer und Förderer – je nach Fähigkeit der Lernenden mehr oder weniger – selbstbestimmter Lernprozesse und weniger als Belehrer begreifen. Er ermöglicht bei den Lernenden so weit wie möglich Handlungsspielräume selbstregulierten Lernens durch die Verknüpfung des Fachwissens mit passendem Lernstrategiewissen (Was kann ich wie lernen?). Dabei bleibt er der verantwortliche Leiter und Chef des Unternehmens Religionsunterricht und das nicht nur heimlich, sondern offen und transparent. Dazu gehört auch, mit den Schülern Kontakte, Kooperationen und Konflikte situations- und adressatengerecht zu gestalten. Darüber hinaus benötigt der Religionslehrer Rollenklarheit in Bezug auf Erwartungen an ihn als Seelsorger und Berater.

Die Lehrperson muss bereit und fähig sein, in Glaubens- und Lebensfragen authentisch aus christlicher Glaubenshaltung und aus der Perspektive der Reich-Gottes-Botschaft Rede und Antwort stehen zu können. Die Bereitschaft zum persönlichen glaubwürdigen Bekenntnis lässt durchaus auch Glaubenszweifel und offenen Fragen zu, denn nur wer zweifeln kann, kann auch glauben. Glaubenskompetenz meint auch die Bereitschaft und Fähigkeit zu einer angemessenen Rede vom eigenem Glauben und religiöser Überzeugung mit theologisch-hermeneutischem Sachverstand. Das schließt ein, den Anderen in seiner Ebenbildlichkeit Gottes ansehen zu können. Im Sinne einer selektiven Authentizität muss der Lehrer mit Sensibilität und mit Selbstachtung abwägen, wie viel Persönliches von sich preizugeben angemessen ist.

Die Lernenden in der berufsbildenden Schule bringen milieu- und biographiebedingt, viele unterschiedliche kulturelle oder religiös-weltanschauliche Entwicklungen mit. Besonderheiten haben sich bei den Lernenden dieser Bildungsphase bereits stärker ausgeprägt. Vielgestaltigkeit und Heterogenität bei den Lernenden ist auch für den Religionsunterricht nicht defizitär, sondern durchaus eine Bereicherung. Sie erfordert die Fähigkeit und Bereitschaft der Akzeptanz von Diversität und das heißt in der praktischen Umsetzung, Fragen, Zweifel und unterschiedliche Überzeugungen der Lernenden dialogoffen und mit Respekt in Lernprozesse einzubinden.

Sachkompetenz

Religionslehrerinnen und -lehrer haben in ihrem Studium eine theologische Ausbildung erhalten. Theologisches Können und Wissen bieten eine Basis, das eigene berufliche Handeln als Lehrperson fachwissenschaftlich zu reflektieren. Aus solchen Reflexions- und Evaluationsprozessen können theologisch fundierte, innovative Erkenntnisse für Schule und Religionsunterricht entstehen. Kompetenzorientierter Religionsunterricht erwartet darüber hinaus von der Lehrperson die Bereitschaft und Fähigkeit zur Selbstdistanzierung von der theologisch-fachwissenschaftlichen Binnensicht und die Kompetenz, Wege angemessener Auswahl und Systematisierung theologischer Inhalte mit Blick auf gegenwärtige Lebenswirklichkeiten von berufstätigen Menschen zu finden. Die theologischen Inhalte sollen für bildsame Lehr-Lern-Prozesse in „bekömmlichen Häppchen" aufbereitet und elementarisiert – jedoch nicht simplifiziert – werden.

Die berufsbildende Schule „vermittelt den Schülerinnen und Schülern eine umfassende berufliche, gesellschaftliche und personale Handlungskompetenz und bereitet sie auf lebensbegleitendes Lernen vor. Es qualifiziert die Schülerinnen und Schüler, an zunehmend international geprägten Entwicklungen in Wirtschaft und Gesellschaft teilzunehmen und diese aktiv mitzugestalten" (Ministerium für Schule und Weiterbildung des Landes NRW, 2012). Aus diesem grundsätzlichen Bildungsziel, an dem der Religionsunterricht Anteil hat, lassen sich folgende Kompetenzanforderungen für Religionslehrerinnen und Religionslehrer ableiten: zum einen die Bereitschaft und Fähigkeit, religiöse Bildung zur Förderung von individueller Identität und universaler Solidarität (Autonomie und Interdependenz) des Menschen in einer demokratischen Gesellschaft zu verstehen und sich theologisch mit der aktuellen Wirklichkeit von Mensch, Gesellschaft und Beruf im Horizont des christlichen Glaubens auseinanderzusetzen. Berufliche Bildung definiert sich besonders durch die Orientierung an und Ausbildung für die Arbeitswelt. Das macht notwendig, dass die Lehrperson eines kompetenzorientierten Religionsunterrichts bereit und fähig ist, sich Kenntnisse über berufsbezogene Inhalte und Arbeitsformen der Lernenden in Schule und Beruf anzueignen und diese für das eigene berufliche Handeln mitzubedenken. Darüber hinaus verlangen die zunehmend international – und damit auch interreligiös – geprägten Entwicklungen von der Lehrperson die Kompetenz, andere Weltanschauungen und Religionen im Kontext ihres jeweiligen Selbstverständnisses wahrzunehmen und theologisch zu reflektieren.

Didaktische und methodische Kompetenz

Kompetenzorientierter Unterricht erwartet von der Lehrperson, dass sie handlungsorientierte Lernaufgaben in Form von Anforderungssituationen gestaltet. Hierzu gehören auch das richtige Einschätzen-Können der angemessenen Komplexität sowie das sach- und adressatengerechte Formulieren einer Lernaufgabe für eine Lerngruppe unter Berücksichtigung eines stufenweisen Anleitens zum selbstständigen Lernen und das rechte Maß an Geschlossenheit und Offenheit einer Lernaufgabe. Zwar wurde die Lernfelddidaktik in erster Linie für den berufsbezogenen Lernbereich entworfen, dennoch gilt auch für den berufsübergreifenden Lernbereich,[3] dass möglichst konkrete Handlungssituationen aus dem privaten, gesellschaftlichen und beruflichen Leben in Anforderungssituationen didaktisch aufbereitet und bearbeitet werden sollen und die Lernenden daran exemplarisch Erkenntnisse über Inhalt und Lernwege erwerben können. Es gilt, die Anschlussfähigkeit des Themas bzw. der Anforderungssituationen an die Lebenserfahrungen der Lernenden zu bedenken und zu ermöglichen, damit die Lernenden aus dem Erlernten Perspektiven für ihre jeweils eigene Lebenshaltung und ihre persönlichen Lebensentwürfe entwickeln können. Unter Berücksichtigung methodischer Vielfalt sowie wechselnder Aktivitäten und Sozialformen hat die Lehrperson Lernwege zu planen, mit denen bei den Lernenden selbstständiges Lernen gefördert wird, indem sie eigene Lernwege probieren und für ihr Lernen als wirksam erkennen können. Das erfordert auch die Bereitschaft und Fähigkeit der Lehrperson, in Phasen des Lernprozesses zeitweise in den Hintergrund zu treten und Verantwortung überlassen zu können. Die Lehrperson kann in solchen Phasen bestenfalls Fokussierungsgehilfe bei der Erschließung von (religiöser) Wirklichkeit sein. Damit ist sie aber nicht alleine auf Moderation beschränkt, sondern übernimmt die Rolle als anleitender Lernbegleiter – sozusagen in Lernprozess-BegLEITUNG. Ihre Kompetenz besteht darin, Lehr-Lern-Arrangements so zu gestalten, dass sie den Lernenden Wege zum selbstständigen Lernen und Arbeiten aufzeigen und ihnen erfahrungsbezogene Lernprozesse ermöglichen. Das schließt die Bereitschaft und Fähigkeit der Lehrperson ein, (gruppen)dynamische Prozesse zu gestalten und zu moderieren.

Die Planungskompetenz der Lehrperson für einen kompetenzorientierten Unterricht beinhaltet auch, eine sach- und zielorientierte Lernumgebung vorzubereiten. Die

---

3   In einigen Bundesländern wird der berufsübergreifende Lernbereich, in der Regel bestehend aus den Fächern Deutsch, Politik/Gesellschaftslehre, Religionslehre, Sport/Gesundheitserziehung und z.T. auch Fremdsprachen, auch allgemeinbildender Lernbereich genannt. Das ist irreführend, denn alle Fächer in einem Bildungsgang tragen gleichermaßen und in je eigener Weise zur Allgemeinbildung und zur beruflichen Bildung bei.

Lehrperson stellt für die Förderung von selbstständigem Lernen vorbereitete Lernmaterialien zur Verfügung und lässt die Lernenden mit zunehmendem Kompetenzerwerb selbstständig Informationsquellen finden. Damit verlagert sich die Hauptarbeit für die Lehrperson auf die Vorbereitung, um dann im Unterricht in den Hintergrund zu treten.

Bedenkt man, dass es sich bei den Lernenden in berufsbildenden Bildungsgängen um junge Menschen mit Lebenserfahrungen handelt, ist die Lehrperson gefordert, sich Lernformen aus der (religions)pädagogischen Erwachsenenbildung anzueignen und diese in den eigenen Unterricht miteinzubeziehen.

Kompetenzen für Beobachtung, Beurteilung und Beratung

Für einen kompetenzorientierten Religionsunterricht benötigt die Lehrperson Diagnosekompetenz, um den Lernentwicklungsstand und die Lernausgangslage der Lernenden wahrzunehmen und richtig einzuschätzen, die unterschiedlichen Vorkenntnisse zu ermitteln und auf dieser Basis den Unterricht differenziert und an den individuellen Lebenswirklichkeiten der Lernenden orientiert zu gestalten. Sie muss die individuellen (religiösen) Lernbedarfe der Lernenden ergründen, um Lernprozesse ressourcenorientiert und themenzentriert begleiten, beraten und fördern zu können. Um eine Kultur des Feedbacks und des aktiven Zuhörens zu realisieren, in der alle am Unterricht Beteiligten an der Beratung über den individuellen Lernfortschritt sowie an fairer und transparenter Bewertung teilhaben können, ist von der Lehrperson Beratungskompetenz gefragt. Für eine angemessene Leistungsbeurteilung benötigt sie eine spezielle Bewertungskompetenz. Sie muss sich Beurteilungskriterien für prozessorientiertes Arbeiten und offene bzw. kooperative Lernprozesse aneignen, um den Lernfortschritt der Lernenden in solchen Prozessen im Blick halten und die Schüler an der Evaluation ihrer Ergebnisse beteiligen zu können.

Kompetenz zur Vernetzung der religionspädagogischen Arbeit

Die Lehrperson ist gefordert, selbstbewusst und profiliert das berufliche Selbstverständnis als Religionslehrerin bzw. Religionslehrer an berufsbildenden Schulen und ihre eigene Professionalität zu reflektieren und zu kommunizieren. Religionsunterricht ist integraler Bestandteil der beruflichen Bildung. Gegenüber außerschulischen an der Berufsbildung beteiligten Vertretern aus Politik und Gesellschaft (bspw. Kammern oder Innungen) vertritt die Lehrperson das Profil des Religionsunterrichts als Teil eines umfassenden Erziehungs- und Bildungskonzeptes der Berufsbildung.

Durch ihre Bereitschaft und Fähigkeit zur Kooperation nimmt die Lehrperson ihre Aufgabe wahr, die Perspektive des Religionsunterrichts in die Bildungsgangarbeit beispielsweise bei den didaktischen Jahresplanungen einzubringen. Sie lotet selbstbewusst Wege der Zusammenarbeit mit den Lehrpersonen anderer Fächer und Lernbereiche sowie einer ökumenischen Kooperation aus, bei denen der Religionsunterricht weder isoliert noch instrumentalisiert wird. Damit leisten die Religionslehrerinnen und Religionslehrer einen Beitrag zur Schulentwicklung. Sie gestalten innerhalb der Schule das Schulleben mit, fordern die religiöse Dimension als einen integralen und prägenden Bestandteil der Schulkultur ein und bringen den Religionsunterricht in das Schulprogramm profiliert ein.

Die Frage bleibt am Ende offen, welche Lehrer-Kompetenzen wie erlernbar sind bzw. wie sie gefördert werden können. Es ist zu beobachten, dass sie sich bei vielen Lehrpersonen auf der Grundlage von Intuition und implizitem Erfahrungswissen im beiläufigen informellen Lernen „on the job" herausbilden und weiterentwickeln. Wenn Religionslehrerinnen und Religionslehrer Fortbildung nutzen, um ihre Arbeit in Kommunikation und Kooperation transparent zu reflektieren, sich also gegenseitig mehr in die Karten ihres alltäglichen Tuns schauen lassen, und dabei auch ihr Scheitern und Gelingen von Unterricht analysieren, könnten sie sich mit ihren mannigfaltigen Kompetenzen gegenseitig bereichern und zur persönlichen und beruflichen Kompetenzerweiterung beitragen.

Literatur

Die Deutschen Bischöfe (2001). *Kirchliche Anforderungen an die Religionslehrerbildung.* Bonn: Sekretariat der Deutschen Bischofskonferenz.

Doedens, F. & Fischer, D. (2005). Kompetenzen von Religionslehrer/innen: Anregungen für eine berufsfeldbezogene Fortbildung (S. 148–155). In M. Rothgangel & D. Fischer (Hrsg.), *Standards für religiöse Bildung? Zur Reformdiskussion in Schule und Lehrerbildung* (2. Auflage). Münster: Lit.

Feige, A. (2007). *Religionsunterricht von morgen? Studienmotivationen und Vorstellungen über die zukünftige Berufspraxis bei Studierenden der evangelischen und katholischen Theologie und Religionspädagogik.* Ostfildern: Schwabenverlag.

Fischer, D. (2007). *Qualität der Lehrerfortbildung: Kriterien und Umgang mit Differenzen.* Münster: Lit.

Fischer, D. (2006). Wie werde ich ein guter Religionslehrer/eine gute Religionslehrerin? Zur Entwicklung von religionspädagogischen Kompetenzen. *Zeitschrift für Pädagogik und Theologie, 58,* 107–115.

Freudenberger-Lötz, P. (2012): *Theologische Gespräche mit Jugendlichen: Erfahrungen – Beispiele – Anleitungen.* München: Kösel und Stuttgart: Calwer.

Gudjons, H. (2006). *Neue Unterrichtskultur – veränderte Lehrerrolle.* Bad Heilbronn: Julius Klinkhardt.

Helmke, A. (2012). *Unterrichtsqualität und Lehrerprofessionalität: Diagnose, Evaluation und Verbesserung des Unterrichts* (4. aktualisierte Auflage). Seelze: Kallmeyer.

Kirchenamt der evangelischen Kirche in Deutschland (EKD) (Hrsg.) (2008). *Theologisch-Religionspädagogische Kompetenz: Professionelle Kompetenzen und Standards für die Religionslehrerausbildung, Texte 96.* Hannover: EKD.

Konrad, K. & Traub, S. (2010). *Selbstgesteuertes Lernen: Grundwissen und Tipps für die Praxis.* Baltmannsweiler: Schneider.

Kuld, L. (2007). Was jemand können muss, der Religion unterrichten wird: Bildungsstandards in der Lehrerbildung an Hochschule und Universität (S. 88–92). In L. Rendle (Hrsg.), *Was* heißt religiöses Lernen? Religionsunterricht zwischen den Bildungsstandards und der Un-verfügbarkeit des Glaubens. 2. Arbeitsforum für Religionspädagogik. Donauwörth: Auer.

Mendl, H. (2011). Religionsdidaktik kompakt: Für Studium, Prüfung und Beruf (2. überarbei-tete Auflage). München: Kösel.

Mertens, D. (1974). Schlüsselqualifikationen: Thesen zur Schulung für eine moderne Gesell-schaft. Mitteilungen aus der Arbeitsmarkt- und Berufsforschung, 7, 36–43.

Mette, N. (2008). Was Religionslehrerinnen und -lehrer können sollen: Kompetenzentwick-lung in der Aus- und Fortbildung (S. 10–26). In L. Rendle (Hrsg.). Was Religionslehrerin-nen und -lehrer können sollen. 3. Arbeitsforum für Religionspädagogik. Donauwörth: Auer.

Meyer, H. (2010). Was ist guter Unterricht? (6. Auflage). Berlin: Cornelsen.

Michalke-Leicht, W. (Hrsg.) (2011). Kompetenzorientiert unterrichten: Das Praxisbuch für den Religionsunterricht. München: Kösel.

Ministerium für Schule und Weiterbildung des Landes NRW (2011). Kerncurriculum für die Ausbildung im Vorbereitungsdienst für Lehrämter in den Zentren für schulpraktische Leh-rerausbildung und in den Ausbildungsschulen, Erlass vom 21.10.2011. http://www.schul-ministerium.nrw.de/BP/Schulrecht/Lehrerausbildung/Kerncurriculum.pdf [30.10.2013].

Ministerium für Schule und Weiterbildung des Landes NRW (2012). Verordnung über die Aus-bildung und Prüfung in den Bildungsgängen des Berufskollegs (APO-BK).

Peters, D. & Tappmeyer, W. (1990). Veränderungen in der Rolle des Ausbilders und Lehrers bei der Vermittlung von Schlüsselqualifikationen (S. 244–246). In L. Reetz & Th. Reitmann (Hrsg.), Schlüsselqualifikationen: Fachwissen in der Krise? Dokumentation eines Sympo-sions in Hamburg. Hamburg: Feldhaus.

Reetz L. & Reitmann, T. (Hrsg.) (1990). Schlüsselqualifikationen: Dokumentation des Sympo-sions in Hamburg. Hamburg: Feldhaus.

Reich, K. (2008). Konstruktivistische Didaktik: Lehr- und Studienbuch mit Methodenpool (4. Auflage). Weinheim: Beltz.

Ruth-Cohn-Institute for RCI (Hrsg.) (2011). Kompetenzen entwickeln und/oder Lebendiges Lernen? Themenzentrierte Interaktion, 25 (2).

Sekretariat der Ständigen Konferenz der Kultusminister der Länder in der Bundesrepublik Deutschland [KMK] (Hrsg.) (2004). Standards für die Lehrerbildung: Bildungswis-senschaften (Beschluss der KMK vom 16.12.2004). http://www.kmk.org/fileadmin/veroeffentlichungen_beschluesse/2004/2004_12_16-Standards-Lehrerbildung.pdf [04.11.2013].

Tappmeyer, W. (1990). Veränderungen in der Rolle des Lehrers bei der Vermittlung von Schlüsselqualifikationen (S. 259–261). In L. Reetz & Th. Reitmann (Hrsg.), Schlüssel-qualifikationen: Fachwissen in der Krise? Dokumentation des Symposions in Hamburg. Hamburg: Feldhaus.

Tschekan, K. (2011). Kompetenzorientiert unterrichten: Eine Didaktik. Berlin: Cornelsen.

Matthias Gronover

Religionsunterricht an berufsbildenden Schulen wohin?

Neue Wege für bekenntnis- und kompetenzorientiertes Unterrichten

Der Religionsunterricht an der Berufsschule steht unter Druck. Seine legitimatorische Grundlage im Grundgesetz verlangt eine klare strukturelle Bekenntnisorientierung, seine Befürworterinnen und Befürworter in Wirtschaft und Gesellschaft heben besonders seine Funktion als Wertevermittler hervor und seine religionspädagogische Herausforderung besteht in der hohen religiösen Heterogenität, der er gerecht werden muss. Zwischen religiöser Bildung und ihrer Funktionalisierung in Richtung Wertevermittlung verfolgt dieser Unterricht auf einem schmalen Grat sein Ziel, die Frage nach Gott wach zu halten und seinen Schülern ein religiöses Bekenntnis zu ermöglichen. In allen drei genannten Begründungszusammenhängen – rechtlich, gesellschaftlich und religionspädagogisch – spielt Kompetenzorientierung als Leitperspektive des Unterrichtens nach PISA eine tragende Rolle. Sie ist es vor allem, die Religionsunterricht an der Berufsschule dringend notwendig macht. „Umfassende Handlungsfähigkeit", wie sie vom Berufsbildungsgesetz perspektivisch vorgegeben wird, ist nur wirklich umfassend, wo die Akteure ihre Handlungen auch von der Seite anschauen können. Und gerade das zeichnet kompetenzorientierten Religionsunterricht aus: In ihm wird das religionspädagogische Handeln (im Sinne des Deutens, Darstellens, Urteilens, Sprechens und Gestaltens) typischerweise selbst zum Thema, werden gemeinsame Erlebnisse und Arbeitsprozesse nochmals gewendet und unter dem Aspekt beleuchtet, was wäre, wenn Gott dabei im Spiel gewesen ist.

In letzter Zeit mehren sich die Überlegungen zur Zukunft des Religionsunterrichts. Der RUabS könnte hier für andere Schularten wegweisend sein, wenn es ihm gelingt, seine Erfahrungen mit dem Unterricht in heterogenen Lerngruppen religionsdidaktisch so zu strukturieren, dass konfessionelle Perspektivität und Kompetenzorientierung gelingend aufeinander bezogen bleiben. Dazu sollen die folgenden Überlegungen dienen.

Religiöse Kompetenz braucht Konfessionalität und Bekenntnis

An der spezifischen Form des Religionsunterrichts, das Handeln selbst zum Thema zu machen, wird deutlich, dass das religiöse Wissen nicht den Religionsunterricht legitimieren, sondern sich im Leben bewähren soll. Aber: „Die heute vorherrschenden Formen offenen religiösen Lernens […] zielen darauf ab, die jeweils vorfindlichen

Ausprägungen subjektiver Religiosität durchzuarbeiten und zu entwickeln – vielfach jedoch ohne daß wirklich klar würde, für welche inhaltlichen Optionen in diesem Zusammenhang nachdrücklicher geworben werden soll" (Englert, 1997, S. 150). Auch der RUabS muss sich der also Herausforderung stellen, sich in religiöser Hinsicht klar zu profilieren. Das heißt für den konfessionellen Religionsunterricht, auch Konfessionalität auf das religionsdidaktisch relevante Tableau zu heben.

Die Realität des Religionsunterrichts in der dualen Ausbildung verlangt in diesem Zusammenhang nach mehr religionsdidaktischer Aufmerksamkeit. Ein Ansatzpunkt könnte das Leitmotiv der konfessionellen Kooperation sein. „Gemeinsamkeiten stärken – Unterschieden gerecht werden" bezieht sich auf ein dialogisches und anerkennendes Verhältnis zwischen den christlichen Kirchen und den Religionen. Zwischen den Kirchen ist dieses Motto schon normativ umgesetzt. Der Rat der Evangelischen Kirche in Deutschland und die Deutsche Bischofskonferenz haben im Jahr 1998 eine Vereinbarung unterzeichnet, die eine sehr weitreichende Kooperation im Religionsunterricht zulässt (abgedruckt in Frieling & Scheilke, 1999, S. 124–127). In dieser Vereinbarung wird die zeitweise Einladung der Religionslehrer der je anderen Konfession ermöglicht, genauso wie gemeinsame Unterrichtsprojekte und Projekttage. Diese Vereinbarung legitimiert nicht vollständig einen Religionsunterricht, der sich als katholischer oder evangelischer Unterricht an religiös heterogen zusammengesetzte Lerngruppen richtet, die von einem Religionslehrer allein und ein ganzes Schuljahr lang unterrichtet werden. Aber die Vereinbarung ermöglicht es einer Schule, in den Fachkonferenzen des Fachbereichs Religion ein Curriculum zu erarbeiten, das den Anforderungen einer konfessionellen Kooperation gerecht wird. Solch ein Curriculum ist nötig, um das religionsdidaktisch spannende Thema der religiösen Heterogenität in der Berufsschule kompetent zu strukturieren und damit den Schülern zu ermöglichen, vor dem Hintergrund ihrer je einen Konfession und Religion, „zur eigenen Stimme zu finden" (Klaus Kießling). In diesem Bezugsrahmen muss religiöse Kompetenz gedacht werden.

Religiöse Kompetenz ist gekennzeichnet durch ihren existenziellen Bezug. Zugleich ist der Kompetenzbegriff systemisch und damit in überindividuellen Zusammenhängen zu verstehen, weil er als Funktionsbegriff des Bildungssystems dazu dient, das Bildungssystem zu ordnen und zu strukturieren. Wie das Kippbild mit den beiden Aspekten der Kommunikation als einer wirklichkeitsordnenden und gleichzeitig wirklichkeitsschaffenden Kraft erschöpft sich der Begriff der religiösen Kompetenz nicht in seiner Referenz auf Existenzialität. Er besitzt systemische Eigenbezüglichkeit, weil er ein religionspädagogischer *Modus* des Sprechens und Reflektierens über Schüler ist.

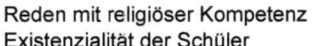 Reden mit religiöser Kompetenz
Existenzialität der Schüler

 Religionspädagogisches Handeln im RUabS

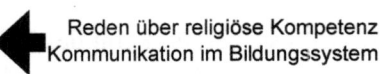 Reden über religiöse Kompetenz
Kommunikation im Bildungssystem

RUabS zielt auf die Bewährung seiner Inhalte im Leben der Schüler

Existenzialität und (bildungs)systemische Kommunikation stehen in einer Wechselbeziehung. Gerade religiöse Kommunikation kann Existenzialität ausdrücken. Zugleich muss Existenzialität aber auch mit Erfahrung verknüpft werden. Das ist religionsdidaktisch anspruchsvoll, weil es den Religionsunterricht in einen doppelten Verweisungshorizont stellt: Einmal mit Blick auf seine Verwiesenheit zu den Kirchen hin, weil diese gleichsam für das jeweilige Bekenntnis stehen. Und einmal mit Blick auf seine Erfahrungsbezogenheit. Wo wie in unserer Gesellschaft der Religionsunterricht die religiöse Sozialisation ersetzen muss, ohne dies vollumfänglich leisten zu können, muss er auch religiöse Vollzugsformen anbieten, die zu entsprechenden Erfahrungen führen. Nur so ist gewährleistet, dass das Sprechen über Religion eine lebensweltliche Relevanz bekommt und nicht einfach nur in der Sphäre des „gut, dass wir darüber gesprochen haben" – der Belanglosigkeit – hängen bleibt. „Über die Performanzmuster einer Fachsprache hinaus lebt religiöse Kommunikation – jedenfalls der christlichen Religion – von der Unterscheidung zwischen konstativen Sätzen und performativen Sprechakten. In dieser Unterscheidung kommt zugleich die besondere Metaphorizität und Symbolizität religiöser Sprache zum Zuge. Ohne diese Unterscheidung didaktisch fruchtbar zu machen, ist es nicht möglich, ‚Sinn und Geschmack' für Religion zu wecken, zu pflegen und reflexivem Nachdenken zu öffnen" (Dressler, 2008, S. 86–87). Neben die religiöse Behauptung, dass die Schöpfung gut sei, muss die Einübung in einen wertschätzenden (ressourcenschonenden und nachhaltigen) Umgang mit ihr treten.

Das Berufsbildungsgesetz formuliert die Zielstruktur der Berufsausbildung als „umfassende Handlungsfähigkeit" (BBiG 2005, §1 & § 38). Der Modus der Weltdeutung, wie er im RUabS eingeübt wird, vermittelt umfassende Handlungsfähigkeit, weil das „Umfassende" der Religion ins Spiel kommt. Sehr wahrscheinlich lag es nicht in der Intention des Berufsbildungsgesetzes, sich selbst religiös zu konnotieren. Wo von umfassender Handlungsfähigkeit die Rede ist, ist wohl eine hohe Anpassungsfähigkeit an stetig wechselnde berufliche Herausforderungen der Zukunft gemeint. Und doch kann dies, mit religiöser Brille als Hinweis gelesen werden, dass Handlungsfähigkeit immer auch die Fähigkeit konkreter Menschen in ihren Sinnhorizonten meint. Die Engführung auf einen Beruf und ein Handlungsfeld verbietet sich dann. Religiöse Bildung, im RUabS vermittelt, erfüllt seine Funktion, das Umfassende der Reich-Gottes-Botschaft als Thema und Haltung in die Schule einzubringen, zugleich konträr und komplementär zum Ziel der Handlungsfähigkeit. Konträr, weil Religion *per se* Unterbrechung des Üblichen meint; komplementär, weil Handlungsfähigkeit immer Arbeit an sich selbst, mit anderen und für andere meint (Gronover & Biesinger, 2013, S. 9–19).

Auch die berufspädagogische Handlungskompetenz zielt auf Bewährung in beruflichen Kontexten

Der deutsche Bildungsrat stellt schon 1974 fest, dass *jedes* schulische Lernen – allgemeinbildende wie berufsbildende Bildungsgänge und Fächer – auch als Berufsvorbereitung zu verstehen sei (Deutscher Bildungsrat, 1974). Das berufliche Schulwesen aber steht in dieser Hinsicht in einer besonderen Verantwortung, weil dessen Abschlüsse direkt in den Arbeitsmarkt und nur zum geringen Teil nochmals in weiterführende Ausbildungen an Hochschulen führen. So müssen Schulleiterinnen und Schulleiter stets den örtlichen Arbeitsmarkt im Blick haben und mit den Kammern und den Schulaufsichtsbehörden im Gespräch bleiben, um etwaige Bedarfe an Bildungsgängen decken zu können. Auch die schulcurriculare Gestaltung von Lehrplänen muss im Blick haben, welches Wissen gesellschaftlich relevant ist und betrieblich gebraucht wird. Zuweilen brachte gerade den berufsbildenden Schulen und der Berufspädagogik diese „Außenorientierung" die Kritik ein, das Eigene im Sinne einer subjektorientierten Pädagogik gegen die Bedienung fremder Interessen und Erwartungen zu vernachlässigen (Büchter, Klusmeyer & Kipp, 2009, S. 1–3). Diese Kritik ist so alt, wie die Berufspädagogik als Disziplin. Sie lässt sich bis in die Anfänge der Berufspädagogik Anfang des 20. Jahrhunderts zurückverfolgen. Schon damals ging es darum, zwischen Nützlichkeitserwägungen in der Berufsbildung und den Idealen der Persönlichkeitsbildung abzuwägen. Die Berufspädagogen Gonon und Reinhard etwa beobachten den Zusammenhang von nützlicher Ausbildung und ideeller Bildung institutionengeschichtlich und zeigen auf, wie sich mit der institutionellen Stärkung des jeweiligen Bereichs eine eigenständige Reflexionstradition – Berufspädagogik und Pädagogik – herausbildete (Arnold & Gonon, 2006). Obwohl beide Bereiche voneinander zu differenzieren sind, sind sie doch nicht zu trennen. Sonst wäre Berufspädagogik eine utilitaristisch verengte, ökonomische Programmatik oder sie würde in der allgemeinen Pädagogik aufgehen. Beide Aspekte treffen nicht zu, auch aus einem strukturellen Argument heraus: Berufspädagogik hat es mit der spezifischen Differenz zwischen der Welt der Wirtschaft und der Welt der Erziehung zu tun. Vor diesem Hintergrund ist verständlich, dass in der Berufspädagogik der Begriff der Handlungskompetenz ein zentrales theoretisches Konstrukt ist. Zwischen 1992 und 2000 erschienen dazu jährlich ca. 75 bis 90 Veröffentlichungen (Thoma, 2011, S. 84). Es liegt in der Logik der Berufspädagogik, dass sie ihren Begriff der Handlungskompetenz nicht domänenspezifisch entfaltet, wie es etwa die Modi der Weltbegegnung nach Baumert (Baumert, 2002) tun.

Religiöse Kompetenz und Handlungskompetenz – zweieiige Zwillinge

Für die berufsorientierte Religionspädagogik ist dies eine Herausforderung, weil der Begriff der religiösen Kompetenz gemeinhin domänenspezifisch verstanden wird.

Religion als eigenständiger Wirklichkeitsbereich erscheint aus ihrer Perspektive zwar in Teilen kommensurabel mit der Handlungskompetenz, sperrt sich aber dieser gegenüber auch in doppelter Hinsicht:

- Einmal, indem Religion Erfahrungen zur Sprache bringt, die in keinem anderen Sprachmodus als dem religiösen ausgedrückt werden können.
- Zum anderen, indem der Religion als Gemeinschaft (als Kirche) eine kritische Funktion gegenüber Welt und Gesellschaft zukommt.

Aus der Perspektive der Berufspädagogik ist Religion eine Herausforderung, wenn das handelnde Subjekt nicht auf das nützliche Subjekt reduziert wird, sondern die Möglichkeit seiner Religiosität in Betracht kommt und so die Komplexität von Handlungskompetenz entsprechend erweitert wird. Der Berufspädagoge Schelten begegnet diesem Problem, indem er dem RUabS eine kompensatorische Funktion zuschreibt: Die berufsbezogenen Fächer werden durch den Religionsunterricht vertieft und erweitert, was die Auszubildenden als ganze Menschen in den Fokus rücke, der Religionsunterricht könne „im Sinne des Ausgleichs zur Sinnerklärung für junge Erwachsene beitragen" (Schelten, 2004, S. 157). Da die berufspädagogische Handlungskompetenz nicht nach Domänen differenziert ist und in ihrem Verständnis die berufliche Handlungsfähigkeit zielbestimmend ist, erscheint eine solche Zuordnung plausibel. Aus der religiösen Sicht des RUabS allerdings greift eine „kompensatorische" Funktion religiöser Bildung letztlich zu kurz und beraubt sie ihres Kerns, nämlich Menschen im Modus ihrer Unverfügbarkeit zu unterrichten.

Betrachtet man nun die auf das Bildungssystem bezogene Kompetenzdebatte, dann fallen zwei Beobachtungen auf:

- Die Absichten der Berufsbildung werden nicht mehr in zu erbringenden Leistungen beschrieben, sondern in Kompetenzen im Sinne individueller Potenziale der Erzeugung von Leistungen (Schiersmann, 2007, S. 50).
- Kompetenzen haben trotz ihrer outcome-Orientierung normative Funktion, sie formulieren also Ansprüche, die einzuholen sind. Dadurch steuern sie auch den Religionsunterricht. Aus systemischer Perspektive und besonders auch von Seiten der Schule und ihres Bildungs- und Erziehungsauftrags, ihrer Selektions- und Allokationsfunktion sind Kompetenzen damit zwar individuelle Entwicklungsbegriffe, aber sie müssen durch Niveaukonkretisierungen gefüllt werden, um auch als Bemessungsgrundlage für Qualifikationen dienen zu können.

Demografische Herausforderungen

Wenn in der pädagogischen Diskussion vom Bildungssystem die Rede ist, dann meint dies abstrakt die Gesamtheit der Schulen und der Schulaufsichtsbehörden, oft vor dem Hintergrund statistischer Daten. 2012 haben etwa 2,6 Mio. Schüler berufliche Schulen (einschl. derer, die zu Hochschulreifen führen und des Übergangssystems) besucht (Statistisches Bundesamt, 2013). In vier Jahren ist die Zahl der Schüler um 11 % zurückgegangen (ebd.). Laut Vorausberechnungen der statistischen Ämter wird es in den

Flächenländern Westdeutschlands bis 2025/26 28% weniger Schüler geben als im Jahr 2008/09 (Statistische Ämter, 2010, S. 25). Für den RUabS interessant ist hierbei, dass der Anteil von getauften Schülern parallel zu dieser Entwicklung ebenso zurückgeht, und zwar mindestens im Umfang des Geburtenrückgangs (Sekretariat der Deutschen Bischofskonferenz, 2013, S. 14). In den letzten 22 Jahren ist die Anzahl katholischer Christen von 42,7 % (1990) auf 30,3 % (2012) gefallen (Deutsche Bischofskonferenz, 2013). Vergleichbar ist die Situation mit Blick auf die evangelischen Christen. Dazu kommen noch demografische Effekte: Während mit Blick auf die Gesamtbevölkerung die Migrantenzahlen verhältnismäßig stabil sind, wird es in den Schulen aufgrund der vergleichsweise höheren Geburtenrate auch zu höherer religiöser Heterogenität kommen (Lorenz, 2012, S. 221–222).

Auf dem Weg zu einem Modell eines konfessionellen RUabS in religiös heterogenen Lerngruppen?

Der demografischen Entwicklung stellt sich der RUabS, indem er religiöse Heterogenität vor dem Hintergrund seiner eigenen konfessionellen Verortung bearbeitet (Gronover, 2012, S. 173–188). Diese konfessionelle Verortung begründet sich nicht allein konfessorisch in dem Sinne, dass Schüler im RUabS ein Bekenntnis ermöglicht wird. Dieses religionspädagogische Ansinnen ist zwar eine leitende Perspektive des RUabS im Sinne einer „Befähigung zur Glaubensentscheidung" (Die Deutschen Bischöfe, 2004, S. 10). Konfessionalität erschöpft sich aber nicht darin, individuelle Bekenntnisse zu ermöglichen. Die Möglichkeitsbedingung einer Befähigung zur Glaubensentscheidung ist aus der Sicht der katholischen Kirche die über den konkreten Unterricht hinaus reichende Konfessionalität der Kirche selbst, die sich wiederum theologisch begründet: „Mit dem Auftrag, die Nähe des kommenden Gottesreiches anzukündigen, ist in der Kirche für die Welt der Horizont letzter und unüberholbarer Allgemeinheit eröffnet (LG 5). Alle Menschen, ihre Lebenssituationen, alle Völker und Kulturen, die ganze Geschichte sind in diesen Horizont gerufen (LG 13). So ist die *Kirche* und mit ihr der Religionsunterricht, der in Übereinstimmung mit ihren Grundsätzen gehalten wird, *ein Ort allgemeiner Bildung.* In seiner Relevanz und Ansprechfähigkeit reicht deshalb der Religionsunterricht weit über die Kirchenmitglieder und ihre Binneninteressen hinaus. Jede Schülerin und jeder Schüler, auch wenn sie sich nicht für Christen, nicht für religiös, sondern vielleicht für Atheisten oder Agnostiker halten, sind in die Nähe des kommenden Reiches gerückt" (Sekretariat der Deutschen Bischofskonferenz, 2009, S. 42). Dies heißt nun wiederum nicht, dass der RUabS konfessionell enggeführt werden muss im Sinne der wie auch immer zu verstehenden Katholizität von Lehre, Lehrkraft und Schülerschaft (also der sogenannten Trias). Das würde der Situation des Religionsunterrichts vor allem an der Berufsschule nicht gerecht.[1] Vielmehr ist das obige Zitat im Horizont eines Konfessionsverständnisses zu lesen, das

---

1   „Die Gesamtsituation der Gesellschaft, der Kirche in ihr und der Erziehung wird als eine spirituelle und intellektuelle Herausforderung angesehen" (Sekretariat der Deutschen Bischofskon-

sich als „*gesprächsfähige Identität*" versteht (ebd.). Das wiederum ist anschlussfähig an die Denkschrift der Evangelischen Kirche in Deutschland zur Konfessionalität des Religionsunterrichts „Identität und Verständigung": „Die wechselseitige Angewiesenheit von konfessioneller Identität und ökumenischer Verständigung verdeutlicht, was angesichts des weltanschaulich-religiösen Pluralismus unserer Situation als *kulturelle Verständigungs- und pädagogische Bildungsaufgabe in Schule und Gesellschaft überhaupt* vor uns liegt: *das Gemeinsame inmitten des Differenten zu stärken, in einer Bewegung durch die Differenzen hindurch, nicht oberhalb von ihnen*" (Evangelische Kirche in Deutschland, 2000, S. 65).

Beide Selbstverständnisse sind für das Verständnis des RUabS entscheidend, weil beide auf Gründe außerhalb des Unterrichts im engeren und empirischen Sinne verweisen: Auf die Heilige Schrift und den aus ihrem Geist heraus gelebten Glauben und auf die gesellschaftliche Situation. Aus katholischer Sicht kann der Religionsunterricht also nie erschöpfend aus der Religiosität der Schüler heraus verstanden werden. Sein Charakter als Manifestation von Kirche heißt zugleich, dass deren Ausgangssituationen entscheidend für die Realisation religiöser Bildungsprozesse im RUabS sind.

Die Kopplung von Konfessionalität des RUabS und Kirchlichkeit ist auch entscheidend für das Verständnis von religiöser Kompetenz, wie es sich in den „Kirchlichen Richtlinien zu Bildungsstandards" von 2004 widerspiegelt (Deutsche Bischöfe, 2004).

Die Diskussion religiöser Kompetenz reformuliert theoretische Probleme, die in der Religionspädagogik in den 1970er Jahren mit Blick auf den Religionsbegriff und dessen wissenschaftstheoretischer Bedeutung formuliert wurden. Im Kern ging es darum, ob die Religion der Religionspädagogik einen substantiellen Kern hat, der als ein die Religionen verbindendes Fundament dienen könne oder ob Religion ein Abstraktum ist, dessen Gehalt in den konfessionellen Konkretionen liegt. Nipkow diskutiert die Positionen und kommt zu dem Schluss: „[D]ie Versuche zu einer ‚Theorie der Religion' sind nur *als Momente der historisch lokalisierbaren Selbstauslegung des Christentums zu begreifen*" (Nipkow, 1990, S. 151). Es gilt also nicht, eine allgemeine Religiosität zugrunde zu legen, sondern umgekehrt, Religion als Abstraktion konkret gelebten Glaubens zu begreifen.

Dieses Ergebnis spiegelt sich in gewisser Weise auch im Verständnis religiöser Kompetenz, weil auch hier eine allgemeine Kompetenz mit religiöser Kompetenz verbunden werden muss. Die Deutschen Bischöfe unterscheiden formal in Wahrnehmungs-, Darstellungs-, Urteils-, Handlungskompetenz sowie der hermeneutischen und der dialogischen oder kommunikativen Kompetenz (Deutsche Bischöfe, 2004, S. 13). Diese Bereiche sind wiederum in der religiösen Domäne verortet, was exemplarisch am Verständnis der Handlungskompetenz sichtbar wird: Es geht hier darum, „moralische Herausforderungen [zu] erkennen und an[zu]nehmen, bereit [zu] sein, der eigenen religiösen und moralischen Einsicht entsprechend zu handeln, eine eigene Spiritualität [zu] entwickeln" (Deutsche Bischöfe, 2004, S. 15). Vergleicht man dieses

---

ferenz, 2009, S. 10), was auch heißt, dass gesellschaftliche Bedingungen das Selbstverständnis des RUabS als Religionsunterricht ausmachen.

Verständnis von Handlungskompetenz mit demjenigen der Berufspädagogik, wird die religiöse Profilierung deutlich.

Führen diese Überlegungen zu einer Rekonfessionalisierung des RUabS? Sicherlich nicht in einem reaktionären und restaurativen Sinn. Neue Wege sind gefragt. Angesichts der demografischen Herausforderung ist dies eine dringliche Aufgabe. Die Einführung des Islamischen Religionsunterrichts verlangt nach Kooperationsmodellen, die beziehungs- und bekenntnisorientiert sind und den Schülern dazu verhelfen, ihr eigenes Bekenntnis anhand der Kenntnis verschiedener Referenzen klar einzuordnen. Wo der RUabS dies leistet, wird er auch ein klares Profil und damit auch eine Zukunft haben.

Literatur

Arnold, R. & Gonon P. (2006). *Einführung in die Berufspädagogik*. Opladen: Barbara Budrich.

Baumert, J. (2002). Deutschland im internationalen Bildungsvergleich. In N. Killius, J. Kluge & L. Reisch (Hrsg.), *Die Zukunft der Bildung* (S. 100–150). Frankfurt: Suhrkamp.

Büchter, K., Klusmeyer, J. & Kipp, M. (2009). *Editorial bwp@ 16*. http://www.bwpat.de/content/ausgabe/16/editorial-bwp16/ [07.10.2013].

Deutsche Bischofskonferenz (2013). *Katholische Kirche in Deutschland*. http://www.dbk.de/katholische-kirche/katholische-kirche-deutschland/ [12.09.2013].

Deutscher Bildungsrat (Hrsg.) (1974). *Empfehlungen der Bildungskommission: Zur Neuordnung der Sekundarstufe II. Konzept für eine Verbindung von allgemeinem und beruflichem Lernen*. Bonn: Bundesdruckerei.

Die Deutschen Bischöfe (Hrsg.) (2004). *Kirchliche Richtlinien zu Bildungsstandards*. Bonn: Sekretariat der Deutschen Bischofskonferenz.

Dressler, B. (2008). Performanz und Kompetenz: Überlegungen zu einer Didaktik des Perspektivwechsels. *Zeitschrift für Pädagogik und Theologie, 60*, 74–88.

Englert, R. (1997). „Schwer zu sagen ...“: Was ist ein religiöser Lernprozeß? *Der Evangelische Erzieher, 49*, 135–150.

Evangelische Kirche in Deutschland (Hrsg.) (2000). *Identität und Verständigung: Standort und Perspektiven des Religionsunterrichts in der Pluralität*. (5. unveränderte Auflage). Gütersloh: Gütersloher Verlagshaus.

Frieling, R. & Scheilke, Chr. (1999). *Religionsunterricht und Konfessionen*. Göttingen: Vandenhoeck & Ruprecht.

Gronover, M. (2012). Konfessionalität in religiöser Heterogenität im Religionsunterricht an berufsbildenden Schulen. In A. Biesinger, F. Schweitzer, J. Ruopp & M. Gronover (Hrsg.), *Integration durch religiöse Bildung: Perspektiven zwischen beruflicher Bildung und Religionspädagogik* (S. 173–188). Münster: Waxmann.

Gronover, M. & Biesinger, A. (2013). Selbstentfaltung durch Arbeit – Selbstentfaltung als Arbeit. Religionsunterricht an berufsbildenden Schulen und Arbeit. In M. Gronover, A. Biesinger, F. Schweitzer, J. Ruopp, M. Mayer-Blanck & A. Obermann (Hrsg.), *Gott – Bildung – Arbeit: Zukunft des Berufsschulreligionsunterrichts* (S. 9–19). Münster: Waxmann.

Lorenz, K. (2012). Die Integrationsfrage aus der Perspektive der Schulverwaltung. In F. Schweitzer, A. Biesinger, M. Meyer-Blanck, A. Obermann, J. Ruopp & M. Gronover, (Hrsg.), *Integration durch religiöse Bildung: Perspektiven zwischen beruflicher Bildung und Religionspädagogik* (S. 217–227). Münster: Waxmann.

Nipkow, K.E. (1990). *Grundfragen der Religionspädagogik Band 1: Gesellschaftliche Herausforderungen und theoretische Ausgangspunkte* (3. überarbeitete Auflage). Gütersloh: Gütersloher Verlagshaus.

Schelten, A. (2004). *Einführung in die Berufspädagogik* (3. überarbeitete Auflage). Wiesbaden: Franz Steiner.

Schiersmann, C. (2007). *Berufliche Weiterbildung.* Wiesbaden: VS Verlag.

Sekretariat der Deutschen Bischofskonferenz (Hrsg.) (2009). *Die bildende Kraft des Religionsunterrichts: Zur Konfessionalität des katholischen Religionsunterrichts.* (5. unveränderte Auflage). Bonn: Sekretariat der Deutschen Bischofskonferenz.

Sekretariat der Deutschen Bischofskonferenz (Hrsg.) (2013). *Katholische Kirche in Deutschland: Zahlen und Fakten 2012/13. Arbeitshilfen 263.* Bonn: Sekretariat der Deutschen Bischofskonferenz.

Statistisches Bundesamt (Hrsg.) (2013). *Schulbesuch 2012.* https://www.destatis.de/DE/ZahlenFakten/GesellschaftStaat/BildungForschungKultur/Schulen/Tabellen/AllgemeinBildendeBeruflicheSchulenSchulartenSchueler.html [06.09.2013].

Statistische Ämter des Bundes und der Länder (Hrsg.) (2010). *Bildungsvorausberechnung der Bildungsteilnehmerinnen und Bildungsteilnehmer, des Personal- und Finanzbedarfs bis 2025.* Wiesbaden.

Thoma, M. (2011). *Entwürfe des wirtschaftspädagogischen Subjekts: Anders-Konzeption aus poststrukturalistischer Perspektive.* Wiesbaden: VS Verlag.

Autorinnen und Autoren

Prof. Dr. Albert Biesinger ist Leiter des Katholischen Instituts für berufsorientierte Religionspädagogik (KIBOR) in Tübingen. Er ist Inhaber des Lehrstuhls für Religionspädagogik, Katechetik, Kerygmatik und kirchliche Erwachsenenbildung an der Katholisch-theologischen Fakultät der Eberhard Karls Universität Tübingen.

Eva Brüggemann ist Lehrerin für katholische Religionslehre und Englisch an einem kaufmännischen Berufskolleg in Ibbenbüren.

Johannes Gather ist Religionslehrer für berufsbildende Schulen und als Dozent für Religionspädagogik am Katechetischen Institut des Bistums Aachen in der religionspädagogischen Fort- und Weiterbildung (Hauptschule, Realschule und Berufskolleg) tätig. Neben seiner hauptberuflichen Tätigkeit ist er projektbezogener Mitarbeiter am KIBOR und Lehrbeauftragter an der Universität Duisburg-Essen für Didaktik des Religionsunterrichts an Berufskollegs. Ein Schwerpunkt seiner Arbeit ist die themenzentrierte Didaktik nach TZI.

Dr. Matthias Gronover ist stellvertretender Leiter des KIBOR. Er unterrichtet an einer Gewerblichen Schule in der dualen Ausbildung und gibt eine Einführungsvorlesung in Religionspädagogik an der Universität Tübingen.

Burkard Hennrich ist Mitarbeiter am KIBOR und unterrichtet in einer kaufmännischen Berufsschule. Er ist Kontemplationslehrer und Projektleiter des KIBOR-Projektes „Spirituelle Selbstkompetenz".

Josef Jakobi war Bundesvorsitzender des Verbandes der katholischen Religionslehrerinnen und Religionslehrer an berufsbildenden Schulen (VKR) und war im Mitarbeiterteam des KIBOR.

Aggi Kemmler ist Fachleiterin für katholische Religionslehre an berufsbildenden Schulen im Zentrum für schulpraktische Lehrerausbildung in Münster und unterrichtet an einem Berufskolleg für Technik und Wirtschaft in Datteln. Neben ihrer hauptberuflichen Tätigkeit ist sie projektbezogene Mitarbeiterin am KIBOR.

Dr. Joachim Schmidt war stellvertretender Leiter des KIBOR. Heute ist er Stiftungsdirektor der Stiftung Katholische Freie Schule der Diözese Rottenburg-Stuttgart.

Michael Meyer-Blanck,
Andreas Obermann (Hrsg.)

Lebensziel Hartz IV

Jugendliche ohne Ausbildungsberuf
im Blickfeld bildungspolitischer
und protestantischer Bildungsverantwortung

Glaube – Wertebildung – Interreligiosität, Band 3
2013, 176 Seiten, br., 26,90 €
ISBN 978-3-8309-2958-1
E-Book-Preis 23,99 €

Ist für eine Mehrzahl von Jugendlichen, die keinen Ausbildungsplatz finden, die Risiko-bildungsbiographie schon zum Normalfall geworden? Aus Sicht der berufsorientierten Religionspädagogik tritt die Problematik einer „Risikobiographie" vor allem bei jugendlichen Schüler(inne)n berufsvorbereitender Bildungs-gänge auf: Viele dieser Jugendlichen haben kaum eine Chance, in eine voll qualifizierende Ausbildung zu kommen. Oftmals nennen sie als Karriereziel „Hartz IV". Diese Jugendlichen gehen davon aus, nicht gebraucht zu werden und keinen anerkannten Platz in der Gesellschaft zu finden. Die Beiträge des Bandes reflektieren und entfalten die skizzierte Situation von Jugendlichen des Übergangssystems aus bildungspoliti-scher, berufspädagogischer, gesellschaftspoliti-scher und religionspädagogischer Sicht.

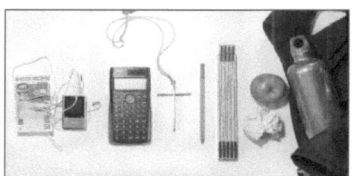

Albert Biesinger, Matthias Gronover,
Michael Meyer-Blanck, Andreas Obermann,
Joachim Ruopp, Friedrich Schweitzer (Hrsg.)

Gott – Bildung – Arbeit

Zukunft des Berufsschulreligionsunterrichts

Glaube – Wertebildung – Interreligiosität, Band 4
2013, 216 Seiten, br., 29,90 €
ISBN 978-3-8309-2978-9
E-Book-Preis: 26,99 €

Die Buchreihe „Glaube – Wertebildung – Interreligiosität" stellt die wissenschaftliche Bearbeitung berufsorientierter Religionspädagogik in den Vordergrund. Zugleich wird versucht, den Diskurs zur berufsorientierten Religionspädagogik zu stärken. Dabei sind ökumenische Weite, ein interreligiöser Horizont, das Gespräch mit der Berufspädagogik und der Bildungspolitik, die Standards empirischer Bildungsforschung sowie der Bezug zur Schulpraxis entscheidende Kennzeichen. Angesichts vielfältiger gesellschaftlicher Veränderungen ist außerdem die Frage zu stellen, ob und wie der BRU auch künftig die an ihn gerichteten Erwartungen aufnehmen kann und wie es ihm weiterhin gelingen kann, sich auf Veränderungen einzustellen.

WAXMANN